CATALOGUE ILLUSTRÉ

DE LA MAISON

BOTTEAUX

COMMERCE DE CHEVEUX

10, RUE CROIX-DES-PETITS-CHAMPS

en face la Rue Montesquieu

PARIS

IMP. OBERTHUR & FILS A RENNES — PARIS, A. P. SALMON DE CAJUS, ÉDIT.

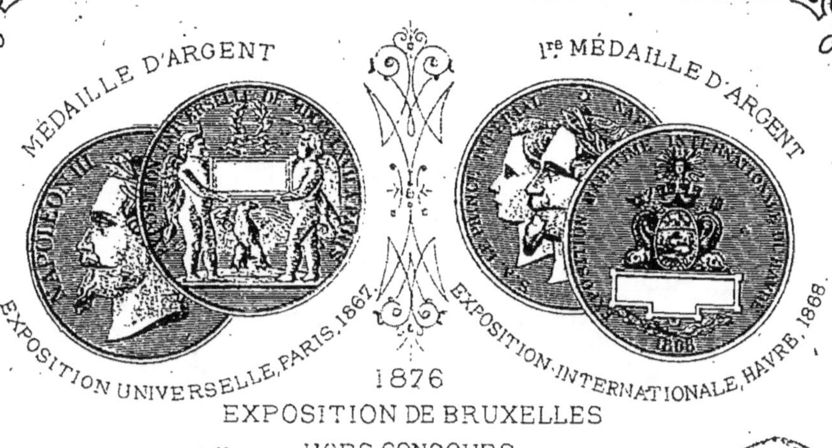

BOTTEAUX

10, RUE CROIX-DES-PETITS-CHAMPS, 10

En face la rue Montesquieu

PARIS

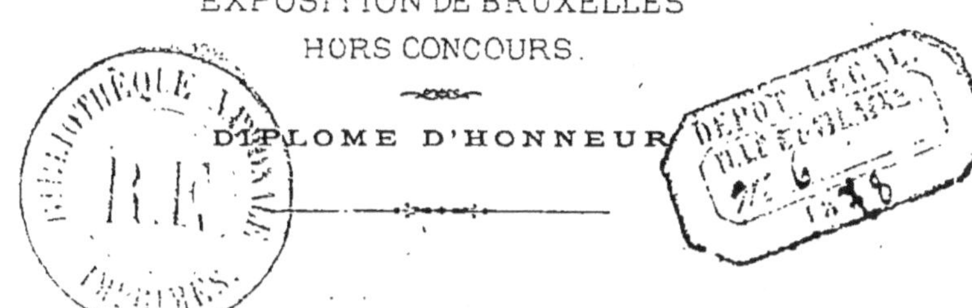

N. B. — *La Maison s'est attachée à réunir chez elle tous les Articles nécessaires à MM. les Coiffeurs.*

Les lettres non affranchies sont refusées.

Prière d'accompagner les demandes des références d'usage ou du montant sur Paris.

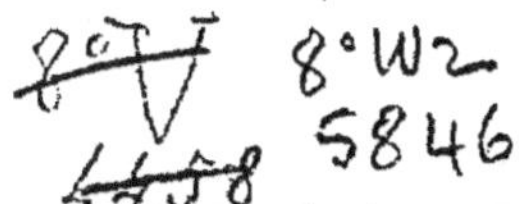

IMPLANTATIONS EN TOUS GENRES

A FAÇON ET SUR MESURE

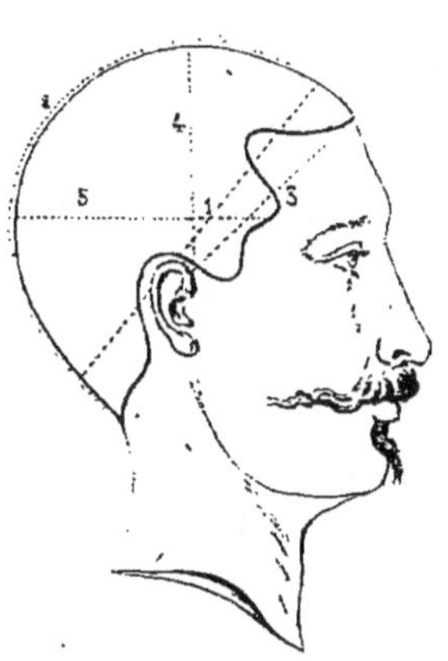

Manière de prendre les mesures d'une perruque
D'HOMME OU DE DAME

1. Grosseur de tête.

2. Du front à la nuque par le sommet.

3 D'une oreille à l'autre par le front.

4. D'une oreille à l'autre par le sommet.

5. D'une tempe à l'autre par le derrière de la tête.

Pour les commandes, prendre exactement les mesures comme l'indique le modèle.

RAIES DE CHAIR taffetas ou gaze

	la douz.	la pièce.
2 pouces	30ᶠ »	2ᶠ 50
2 1/2 —	39 »	3 25
3 —	48 »	4 »
4 —	66 »	5 50
5 —	90 »	7 50
6 —	114 »	9 50

BANDEAUX Raie taffetas ou gaze

	la douz.	la pièce.
2 pouces	60ᶠ »	5ᶠ »
2 1/2 —	72 »	6 »
3 —	96 »	8 »
4 —	126 »	10 50
5 —	159 »	13 25
6 —	189 »	15 75

TOURS INDÉFRISABLES

	la douz.	la pièce.
2 pouces	72ᶠ »	6ᶠ »
2 1/2 —	80 »	7 »
3 —	96 »	8 »

PERRUQUES

	la pièce.
En tresse . . . . , ...	20ᶠ »
— avec raie implantée .	25 »
Entièrement implantées, depuis .	30 »

RAIES DE PERRUQUES

Sur taffetas	la pièce	6ᶠ »
Sur gaze	—	5 »

FINISSIONS taffetas ou gaze

La douzaine.............. 18ᶠ »

BARBES

	la douz.
Implantées en toutes nuances..	48ᶠ »
En tresse, du noir au châtain foncé....	18 »

GROGNARDS

	la douz.
Implantés en toutes nuances...	36ᶠ »
En tresse, du noir au châtain foncé....	15 »

MOUSTACHES

Implantées sur tulle . la douz.	3ᶠ50
A crochets......... — 2 et 4 »	

FAVORIS-COTELETTES

Implantés sur tulle .. la douz. 24ᶠ »

TRESSE A PERRUQUES

Le mètre..... » 50, » 60 et »ᶠ 75

TISSU GAISSAD

Même prix qu'en fabrique.

TULLE CHEVEUX NORMANDIN

Même prix qu'en fabrique.

ROULEAUX en crêpé

Monture en centimètres ..	13	18	25	28ᶜ
La douz., en crêpé 1ᵉʳ choix	9 »	12 »	15 »	18ᶠ »
— — 2ᵉ choix	»	» 6 »	9 »	12 »
En laine, toutes nuances .	3.60	6 »	9 »	12 »

PETITS CRÊPONS RUSSES

SUR PEIGNES

En tresse.......... la douz:	12ᶠ »
Implantés.......... —	15 »

CRÊPONS NORMANDS

	la douz.
En crêpé 1ᵉʳ choix. 21 » 24 » et 27ᶠ »	
— 2ᵉ choix. » » 15 » et 18 »	

CRÊPONS DIADÈMES

En crêpé 1ᵉʳ choix, en toutes
  nuances.... la douz. 15 » et 21ᶠ »
En crêpé 2ᵉ choix. — 9 » et 12 »

ROULEAUX en crin

Petit modèle........ la douz.	9ᶠ »
Moyen — ...... —	12 »
Grand — ...... —	15 »

ARTICLES POUR THÉATRE

Crin blanc, { de 30 à 45 cent. le kil.	35ᶠ »
lisse } de 50 à 70 — —	50 »
Petit crin frisé.. ...... —	35 »
Thibet blanc, lisse...... —	50 »
— — frisé...... —	100 »
— couleur frisé..... —	50 »

PERRUQUES DE THÉATRE

Travail très-soigné

Louis XVI.........	la pièce	18ᶠ »
Marie-Antoinette..	—	20 »
Louis XVI (femme).	—	18 »
Louis XV —	—	20 »
Louis XV (homme).	—	18 »
Marquis..........	—	18 »
Incroyable........	—	18 »
Marquise à chignon.	—	20 »
Postillon, crin......	—	21 »
Titi en Thibet.......	—	18 »
Marquis avec bourse	—	18 »
Garde-française ...	—	17 »
Chauve	—	22 »
Louis XIII...	—	22 »
Brigadier.........	—	18 »
Aile de pigeon.....	—	18 »
Jocrisse noir.......	—	17 »
Mal content	—	18 »
Paysan, crin rouge .	—	17 »
Gamin...........	—	18 »
Titi cachemire......	—	18 »
Clown..........	—	17 »
Postillon coton.....	—	16 »

Nous nous chargeons de la location des perruques pour nos clients de province.

RUBANS A PERRUQUES, bruns, gris, blancs

Par 12 mètres

Nᵒˢ 1/4......... ...	la pièce	1ᶠ 05
1/2.............	—	1 20
3/4.............	—	1 50
1...............	—	1 80
1 1/4..........	—	2 »

RUBANS A PERRUQUES, bruns, gris, blancs (*suite*)

Par 12 mètres

Nᵒˢ 1 1/2...........	la pièce	2ᶠ 40
2.............	—	3 20
3	—	4 10
4.............	—	5 »
7.............	—	10 »

TAFFETAS blanc ou rose

Le mètre .... 8 » et 9ᶠ »

TULLES A PERRUQUES

	le mètre.
Brun, en coton	5ᶠ »
Gris, —	5 »
Brun, en soie 8 » 12 » et 14 »	
Chevelu rosé, en soie 10 » et 12 »	
Gris ou blanc, — 9 » et 12 »	

TULLE VÉGÉTAL LENFANT

Le mètre .... 15ᶠ »

GAZE A IMPLANTER

Nᵒˢ 80.............	le mètre	4ᶠ 50
100.............	—	6 »
120.............	—	7 »

SOIE A COUDRE ET A TRESSER

Le kilog.................. 120ᶠ »

Ce prix est variable suivant les cours.

COIFFES A PERRUQUES

En soie	la douz.	15f »
En fil	—	9 »

FILETS A LA MÉCANIQUE

Nos		la douz.
0 Grand réseau	1 50 et	2f »
1 Petit —	2 » et	3 »

FILETS A LA MAIN

Nos		la douz.
2 Invisibles		6f »
3 — grande taille		8 »
4 — avec cataugan		10 »
5 — petit réseau		7 50
5 bis — — gde taille		10 »

FILETS A LA MAIN (suite)

Nos		la douz.
6 Cordonnet fort		12 »
7 — avec cataugan		16 »
8 Gance ronde		18 »
9 — avec cataugan		24 »
10 Soie forte, pour fillettes, 4 et		6 »
11 — grise		12 »
Filets pour front		6 »
Fourreaux pr nattes, le mètre		» 60
Filets en cheveux .. la douz.		24 »
— — pr front —		18 »

Tous ces filets ont des élastiques de soie.

Grand assortiment de Filets
nouveauté en chenille, lacets
soie, etc., etc.

QUINCAILLERIE

FERS à friser, manches lustrés

Nos		la douz.	
1 à 7	la douz.	12f »
8 à 12	—	15 »
13 à 16	—	18 »

FERS à friser ployants

Nos		la douz.	
1 à 7	la douz.	27f »
8 à 12	—	30 »
13 à 16	—	33 »

Pour manches en bois, 8 fr. en plus par douzaine.

FERS à friser polis, fins, branches plates

Nos		la douz.	
1 à 3	la douz.	30f »
4 à 6	—	36 »

Les mêmes numéros en nickel, 24 fr. en plus par douzaine.

FERS à friser polis, fins, ployants

Nos		la douz.	
1 à 3	la douz.	48f »
4 à 5	—	54 »

Les mêmes numéros en nickel, 27 fr. en plus par douzaine.

Le Nickel est aussi beau que l'argent, ne noircit pas et ne s'oxyde jamais, même au contact des acides.

FERS à friser polis, fins, manches bois noir ou palissandre

Nos 1 à 3............ la douz. 39f »
    4 à 6............ — 48 »

Les mêmes en nickel, 24 fr. en plus par douzaine.

FERS à friser polis, fins, ployants, manches bois noir ou palissandre

Nos 1 à 3............ la douz. 60f »
    4 à 6............ — 66 »

Les mêmes en nickel, 27 fr. en plus par douzaine.

FERS à friser, manches ivoire

Droits............ la pièce 11f »
Ployants............ — 14 »
Fers droits en nickel.. — 13 »
— ployants en nickel. — 16 25

FERS à papillotes lustrés

Nos 9 à 13.......... la douz. 15f »
   14 à 17......... — 18 »
   18 à 20......... — 24 »

FERS à papillotes ployants

Nos 9 à 13.......... la douz. 30f »
   14 à 17......... — 33 »
   18 à 20......... — 36 »

Pour manches en bois, 8 fr. en plus par douzaine.

FERS à papillotes, têtes rondes, polis, extra-fins

Nos 9 à 13.......... la douz. 39f »
   14 à 16......... — 48 »

Les mêmes en nickel, 24 fr. en plus par douzaine.

FERS à papillotes ployants, têtes rondes, polis, extra-fins

Nos 11 et 12......... la douz. 54f »
   13 et 14......... — 60 »

Les mêmes en nickel, 27 fr. en plus par douzaine.

FERS à papillotes polis, extra-fins, manches bois noir ou palissandre

Nos 9 à 13.......... la douz. 48f »
   14 à 16......... — 54 »

Les mêmes en nickel, 24 fr. en plus par douzaine.

FERS à papillotes polis, fins, ployants, manches bois noir ou palissandre

Nos 11 et 12......... la douz. 63f »
   13 et 14......... — 69 »

Les mêmes en nickel, 27 fr. en plus par douzaine.

FERS à papillotes, manches ivoire

Droits............ la pièce 12f »
Ployants............ — 15 »
Fers droits, en nickel.. — 14 »
— ployants, en nickel — 17 25

Le Nickel est aussi beau que l'argent, ne noircit pas et ne s'oxyde jamais, même au contact des acides.

FERS ployants pour lampes à esprit de vin

A friser....
- lustrés ... la pièce 2f 25
- polis, fins. — 4 »
- en nickel. — 6 »

FERS ployants pour lampes à esprit de vin *(suite)*

A papillotes
- lustrés ... la pièce 2f 25
- polis, fins. — 4 »
- en nickel. — 6 »

Pour manches
- *En bois, 1 fr. en plus par fer.*
- *En os, 1 fr. 75 en plus par fer.*
- *En ivoire, 7 fr. en plus par fer.*

FERS à friser les boucles

	la douz.		la douz.
A manche bois	30f »	Polis fins, manches bois noir. .	72f »

FERS à aplatir (pour toupets)

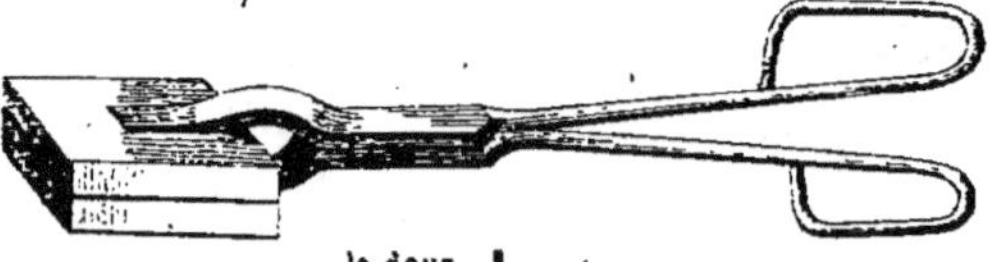

La douzaine .... 24f »

FERS à décréoler (très-commodes pour presser les papillotes)

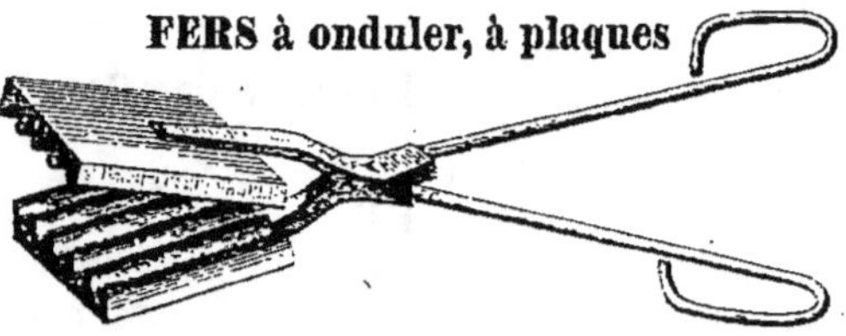

	la douz.		la douz.
A branches ou manches bois..	48f »	Polis fins, manches bois.......	84f »

FERS à onduler, à plaques

PLAQUES EN FONTE			PLAQUES EN CUIVRE		
A 3 canons........	la douz.	33f »	A 3 canons	la douz.	48f »
A 4 —	—	39 »	A 4 —	—	54 »
A 5 —	—	48 »	A 5 —	—	60 »

FERS à onduler, à branches

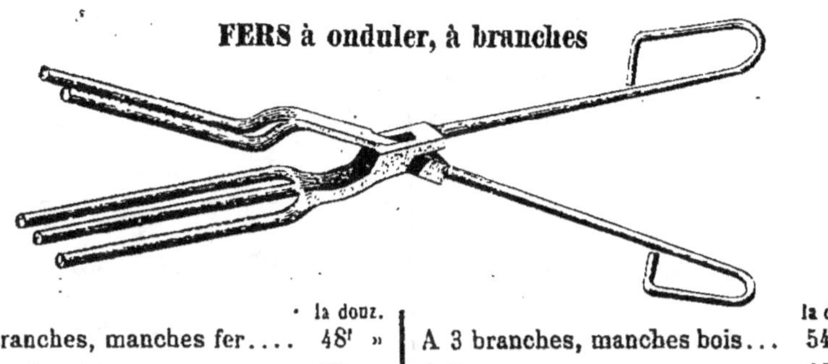

	la douz.		la douz.
A 3 branches, manches fer....	48ᶠ »	A 3 branches, manches bois...	54ᶠ »
A 5 — —	57 »	A 5 — — ...	66 »

FERS à presser les ondulations (légers et très-commodes)

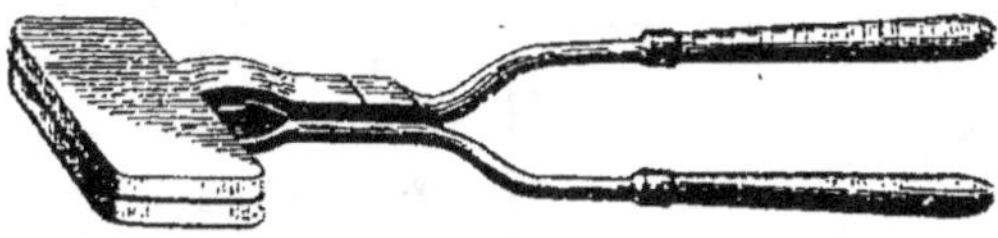

	la pièce.		la pièce.
Ordinaires, à manches bois.....	6ᶠ »	Polis fins, manches bois noir ...	9ᶠ »

FER mécanique (spécial pour l'atelier)

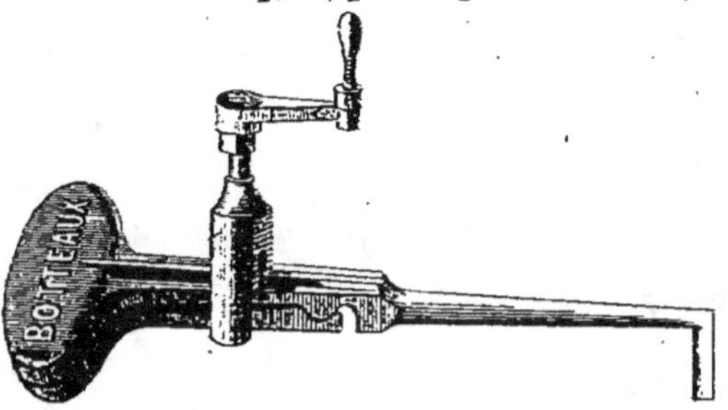

Ce fer a 11 centimètres de large, de manière à pouvoir aplatir les barrettes de chignons d'une seule fois et presser les grosses ondulations.

La pièce........................ 8 fr.

FERS à favoris (Maillechort)			CARDES à peigner		
De 18 centimètres...	la pièce.	6ᶠ 50	Nᵒˢ 1..............	la pièce.	1ᶠ 25
De 20 —	—	8 »	2..............	—	1 50
De 24 —	—	10 50	3..............	—	2 »

CARDES à peigner (*suite*)

Nᵒˢ			
4	la pièce	2ᶠ 50
5	—	3 »
6	—	3 50
7	—	4 50
8	—	5 50

CARDES fines à tresser

Nᵒˢ			
1	la pièce.	3ᶠ 75
2	—	4 50
3	—	5 25

CARDES à mêler

Nᵒˢ			
1	la pièce.	12ᶠ »
2	—	14 »
3	—	16 »

CARDES sur cuir pour tresser

De 20 cent. carrés. .	la pièce.	3ᶠ »
— extra-fortes.	—	4 »

CARDES à détirer

Nᵒˢ			
1	la paire.	15ᶠ »
2	—	18 »
3	—	21 »

CARDES à nattes

Nᵒˢ			
1	la paire.	10ᶠ »
2	—	14 »
3	—	17 »

DÉLENTOIRS

3 rangs. petit modèle.	la pièce.	10ᶠ »
3 — moyen —	—	12 »
4 — grand —	—	16 »

ÉPINGLES à coiffer

le kilo.

1ʳᵉ qualité, papier blanc et or. .	3ᶠ 50
— papier blanc et noir.	3 »
— H.R. Orléans bleu.	2 50
— papier vert	2 50
— en vrac, papier rose	1 30
— très-fines.	5 »
— en étuis, sans marque, la douzaine.	1 25
Ondulées { 1ᵉʳ choix, papier chamois.	4 25
H.R. Orléans { 2ᵉ — papier rose.	2 75
A têtes plates, pour attacher les frisés.	2 50
Épingles en plomb, pʳ onduler.	3 50
— argentées —	8 »

ÉPINGLES neige

Neige bronzées, le mille.	1ᶠ 25
Demi-neige, vernies, droites —	2 » et	3 »
— — ondulées —	2 50 et	4 50

ÉPINGLES extra (garanties)

En boîtes.	le kilo.	15ᶠ »

20 boîtes au kilo.

ÉPINGLES pointe d'acier

En paquets.	la douz.	2ᶠ 40
En boîtes.	—	3 »

ÉPINGLES anglaises garanties (Seul dépôt pour la vente en gros)

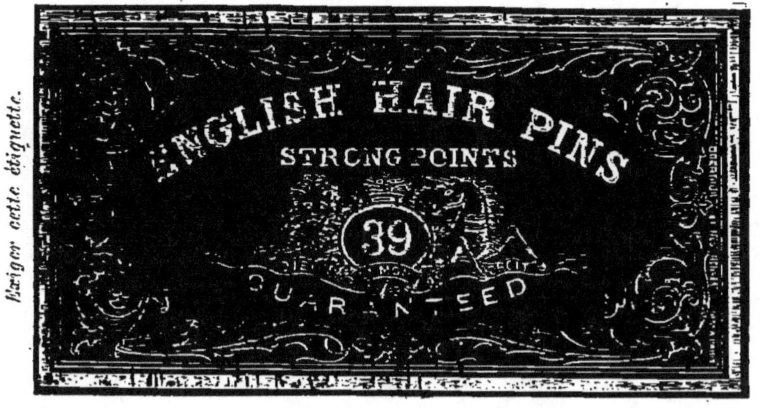

20 paquets au kilogr. — Le kilogr., assorties de longueur................... 4ᶠ 50

COUTELLERIE

BOITES anglaises contenant deux rasoirs

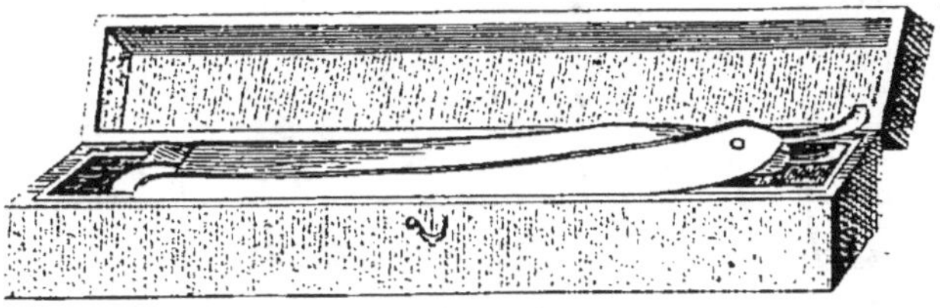

Complète...................................... 4ᶠ 50

RASOIRS

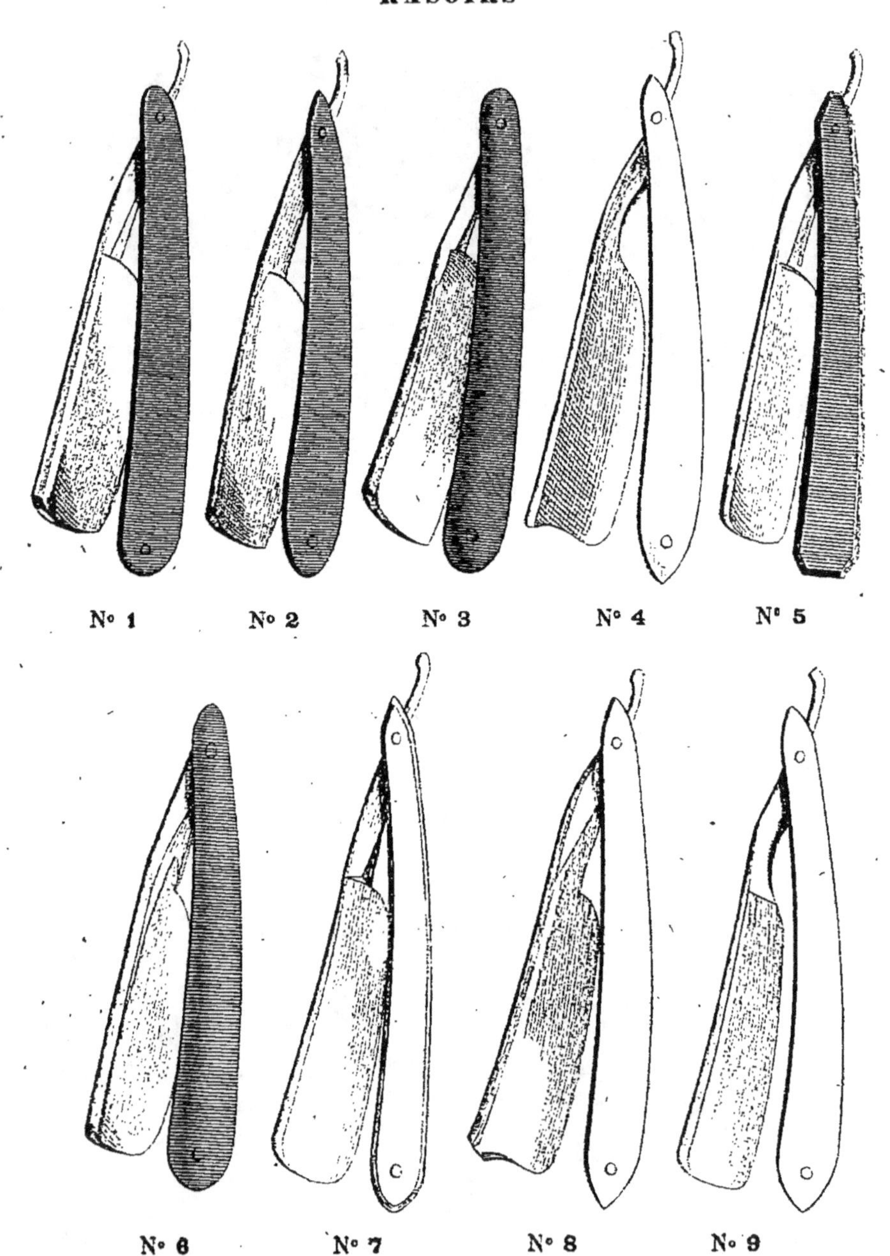

RASOIRS

			la douz.	
N°s 1	Manche os, modèle courant		12f	»
2	—	buffle ou os, lame large	15	»
3	—	buffle, dit Coiffeur, à crochet ou sans	18	»
4	—	buffle ou os, petite lame...........	19	»
5	—	buffle, bouts carrés, lame moyenne..	24	»
6	—	buffle, évidés, à crochet ou sans.	32	»
7	—	ivoire, lame étroite. 36 et	42	»
8	—	ivoire, dos biseauté...	54	»
9	—	ivoire, évidés, à baguette	60	»

SEMAINIERS, forme étuis.

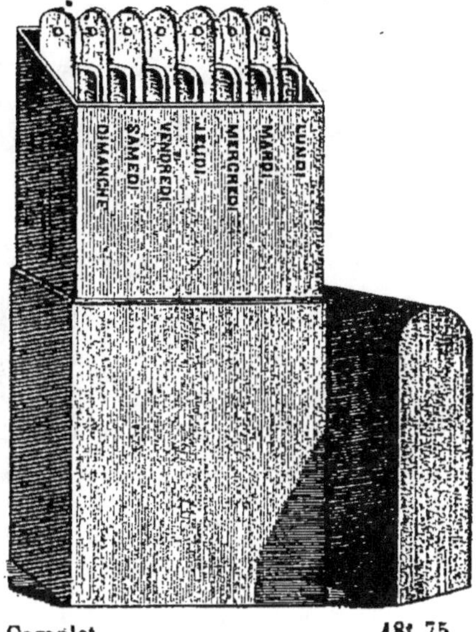

Complet..................... 18f 75

SEMAINIERS en peaux

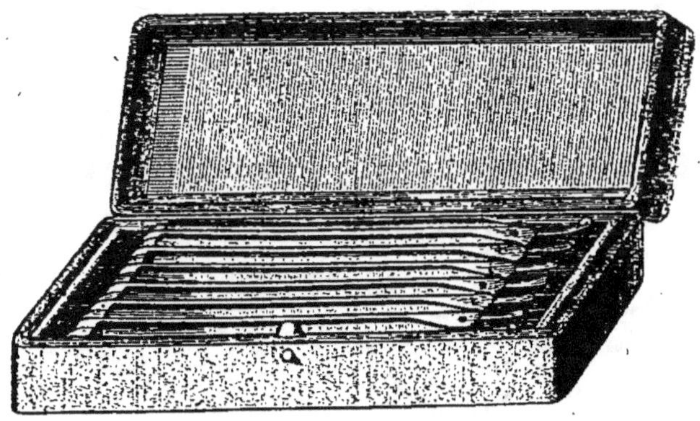

Rasoirs garantis, manche buffle ou os :

Complet.. 26f »

Rasoirs garantis, manche ivoire :

Complet.. 38f »

CISEAUX pour Coiffeurs

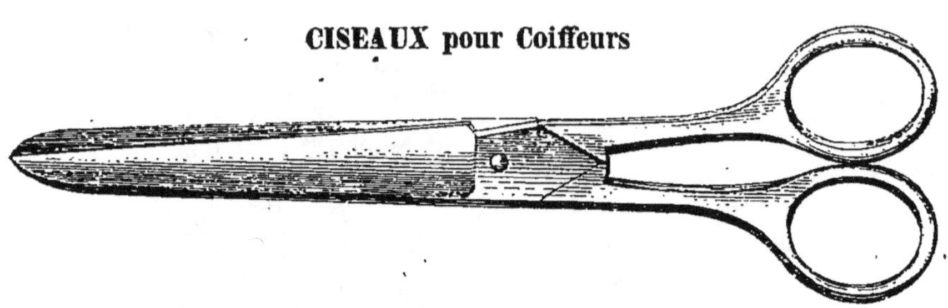

	la douz.		la douz.
1re qualité, 7 pouces .... 36f »		1re qualité, extra-fins, 7 pouces..	44f »
— 7 — 1/2 ..... 42 »		— — 7 — 1/2	48 »
— 8 — .... 48 »		— — 8 —	52 »

Pour les ciseaux en nickel, 27 fr. en plus par douzaine.

CISEAUX à effiler, branches rondes

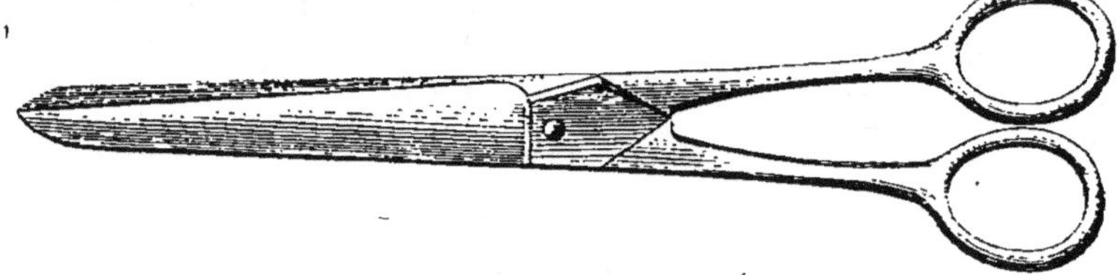

6 pouces 1/2......... la douz. 30f » | 7 pouces............ la douz. 32f »

Pour les ciseaux en nickel, 24 fr. en plus par douzaine.

CISEAUX à ongles

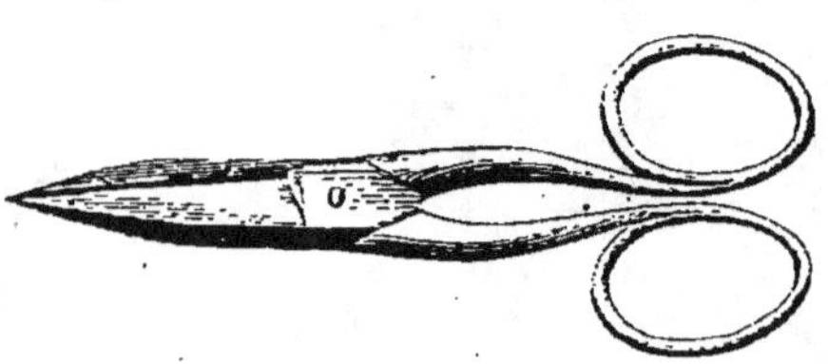

	la douz.
1re qualité, 3 pouces...........	10f »
— 3 — 1/2	12 »
— 4 —	14 »

CISEAUX à ongles (*suite*)

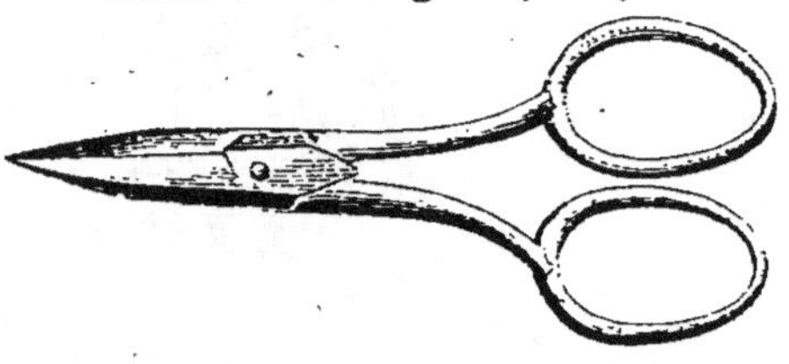

	la douz.
Qualité extra, 2 pouces 1/2	14f »
— 3 —	16 »
— 3 — 1/2	19 »
— 4 —	21 »
— 4 — 1/2	30 »

CISEAUX à ongles (*suite*)

		la douz.
Forme magot, extra-fins, 2 pouces 1/2.		27ᶠ »
—	— 3 —	30 »
—	— 3 — 1/2.	33 »
—	— 4 —	36 »
—	— 4 — 1/2.	39 »

CISEAUX courbes

2 pouces 1/2 .... la douz.	15ᶠ »
3 — .... —	18 »
3 — 1/2......... —	21 »
4 — .... —	24 »
Courbes, à envies..... —	27 »

COUTEAUX à détirer

La douzaine....... 12 » et 15ᶠ »

COUTEAUX à remonter les frisés

La douzaine ... . 18ᶠ »

COUPE-ONGLES

La douzaine . 24 » 30 » et 48ᶠ »

COUPE-CORS

Manche noir........ la douz.	9ᶠ »
— ébène....... —	18 »
— ivoire....... —	30 »
— nacre........ —	52 »

LIMES acier

De 5 cent....... la douz.	1ʳᵉ qualité.	Extra façonnées.
De 5 cent....... la douz.	3ᶠ »	6ᶠ »
8 — .... —	4 »	7 »
10 — .... —	5 »	10 »
13 — .... —	9 »	15 »
16 — pʳ meubles-toilette —	12 »	24 »

LIMES DE POCHE

(ACIER 1ʳᵉ QUALITÉ)

	la douz.
Fermante	4 50 et 6ᶠ »
A coulisse, en ébène.	9 » ivoire 16 »

PINCES à épiler

MODÈLE DIVERS

La douz. 3, 6, 9, 10, 12, 14 et 16ᶠ »

ONGLIERS

	la douz.
Ecaille ou ivoire, à 1 pièce,	6 à 12ᶠ »
— — 2 —	15 à 27 »
— — 3 —	16 à 40 »
— — 4 et ciseaux,	54 à 84 »

CURE-DENTS et CURE-OREILLES

En ivoire......... la douz.	»ᶠ 75
En écaille .... —	2 »

CURE-DENTS en plumes

Le paquet.. 2 75 3 25 4 75 et 5ᶠ 25

CUIRS à rasoirs

				la douz.
Nᵒˢ 0	Gaîne papier	. . . .		7ᶠ »
1	—	—	. . . .	13 »
2	—	—	. . . . . .	18 »
3	—	—	à bandes souples...	21 »
4	—	peau	. . . .	27 »
5	—	—	à filets dorés.	28 »
6	—	—	à bandes souples...	30 »
7	—	—	. . . .	36 »
8	—	—	. . . .	54 »
9	—	—	cuir aloës	39 »
10	—	—	pʳ trousses...	14 »
11	—	—	—	21 »

Dépôt des Cuirs à Rasoirs de la Maison HAMON

PATE Zéolithe

La douzaine. 1ᶠ 80

Dépôt des Cuirs à Rasoirs de FÉLIX

(Système breveté)

SPÉCIALITÉ D'ENSEIGNES

Nᵒˢ **1** et **2**

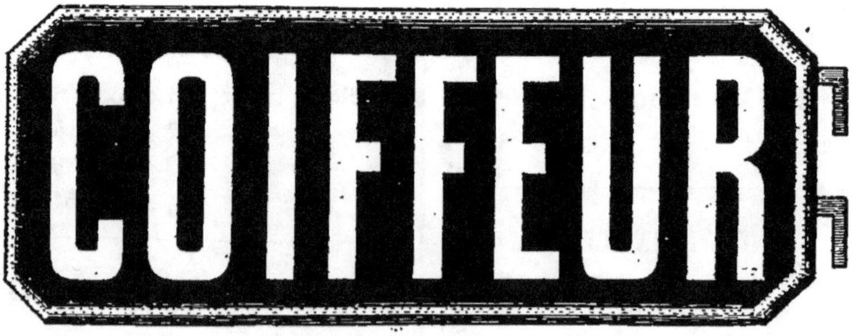

Nᵒ 1 **Enseignes** inaltérables sur émail se voyant de très-loin, fond blanc, lettres noires, longueur 0ᵐ40, hauteur 0ᵐ15. . . . .   la pièce.   17ᶠ »

Nᵒ 2 **Enseignes** sur tôle vernie au four, mêmes dimensions que le Nᵒ 1, fond noir, lettres dorées. . . . . la pièce.   8 »

ENSEIGNES (*suite*)

N° 3   N° 4

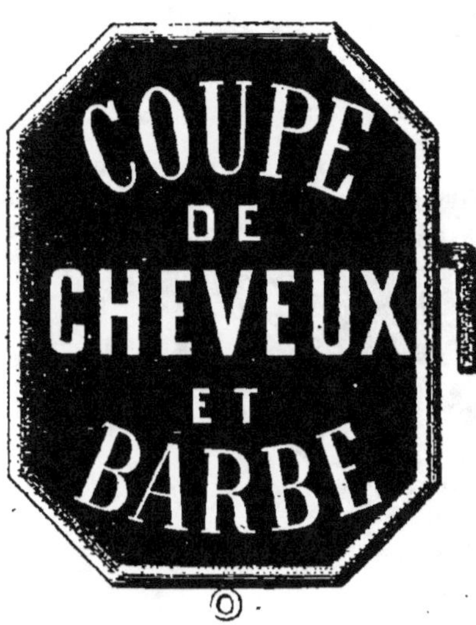

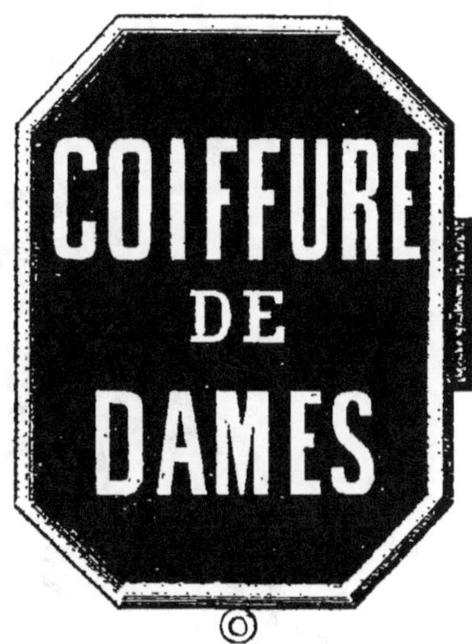

N° 3 **Enseignes** bombées sur tôle vernie au four, fond noir, lettres dorées .... la pièce   10ᶠ »

N° 4 **Enseignes** dorure sous verre, très-solides, fond noir, lettres dorées .... la pièce   15 »

MÉCANIQUE inusable à monter les nattes et les repentirs

Avec cette mécanique, on peut monter une branche de 0ᵐ40 de monture, en moins de 5 minutes.

La pièce........ 15ᶠ »

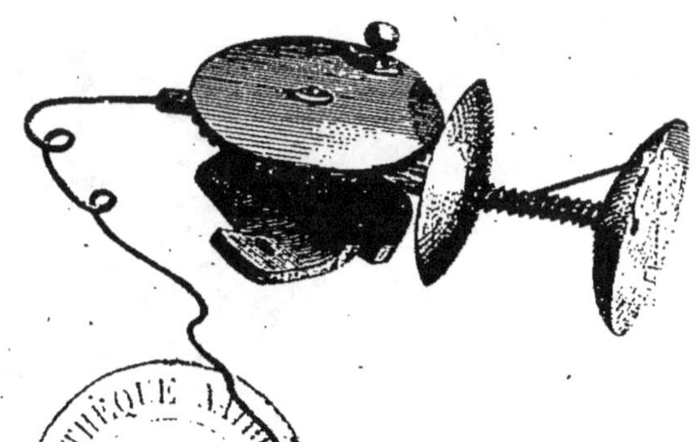

Pour les boules enseignes, voir page 55.

FOURNEAUX A GAZ

N° 1

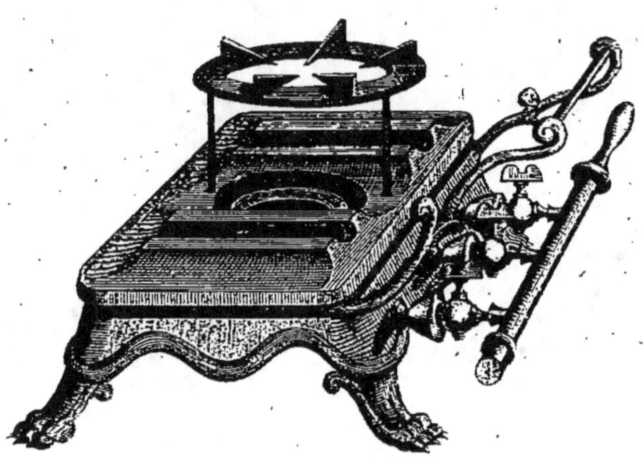

N° 1. — A 3 feux, 3 robinets et porte-bouillotte :

En fonte...................... 14ᶠ » | En fonte émaillée............. 19ᶠ »

N° 2

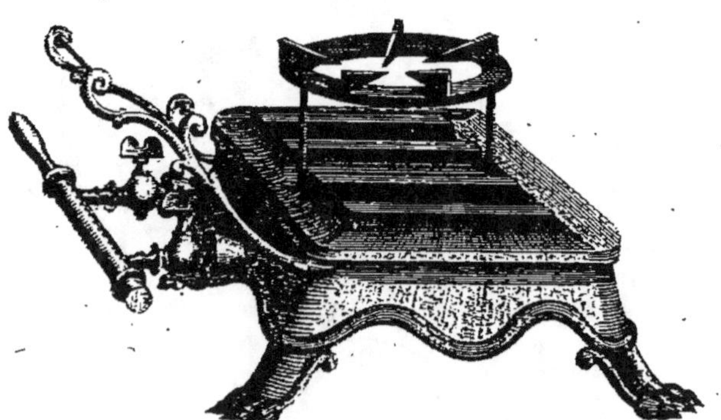

N° 2. — A 2 feux, 2 robinets et porte-bouillotte :

En fonte .... 12ᶠ » | En fonte émaillée 14ᶠ 50

FOURNEAUX A GAZ (*suite*)

N° 3

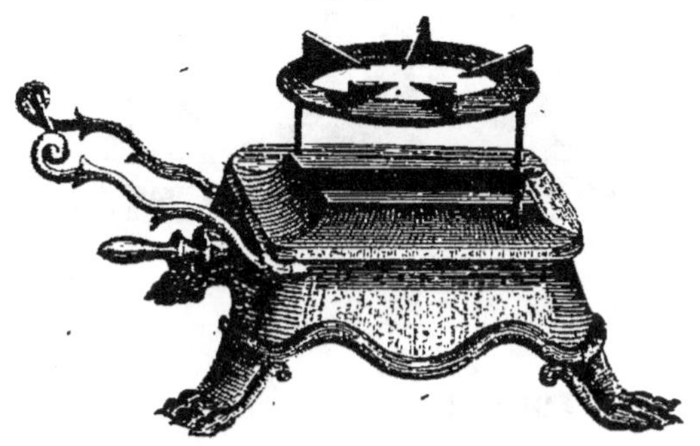

N° 3. — 1 feu avec porte-bouillotte :

En fonte.................... 4ᶠ 50 | En fonte émaillée............. 7ᶠ »

ÉTUVES mobiles s'adaptant sur les fourneaux nᵒˢ 1 et 2, très-commodes pour faire sécher les frisés, le créolage et les papillotes

N° 1.................... 8ᶠ » | N° 2.................... 7ᶠ »

L'étuve n° 2 peut également s'adapter sur le fourneau n° 3.

Voir la gravure, page 57.

FOURNEAUX A ESPRIT DE VIN

Pour chauffer les Fers à papillotes et à friser

FOURNEAU carré, à couvercle, avec bouchon rond

N° 1

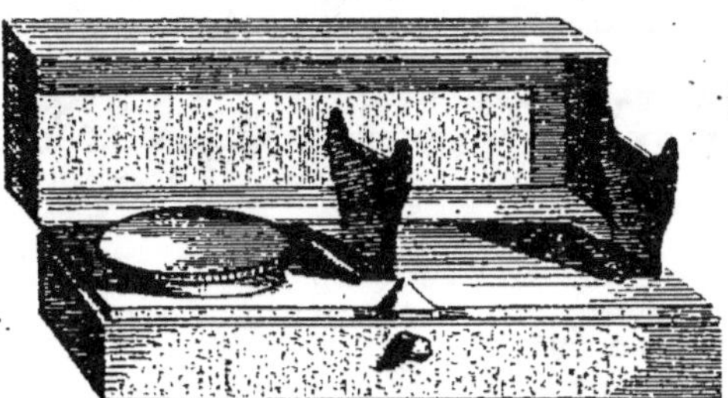

N° 1. En fer-blanc.... la pièce 3ᶠ 50 | N° 1. En cuivre poli... la pièce 5ᶠ 50

FOURNEAU forme semelle avec bouchon rond

N° 2

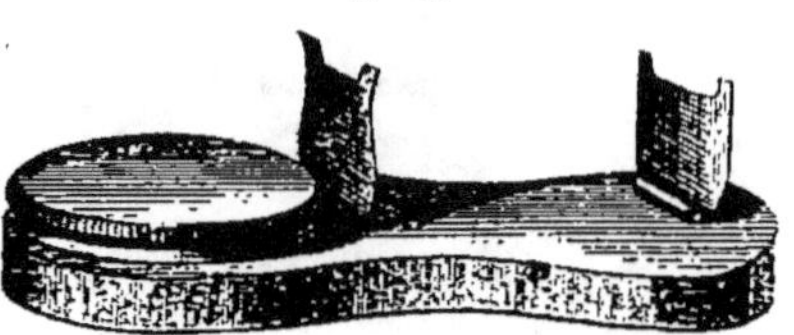

N° 2. — En cuivre poli .... la pièce. 3f 75

FOURNEAU forme balustre

N° 3

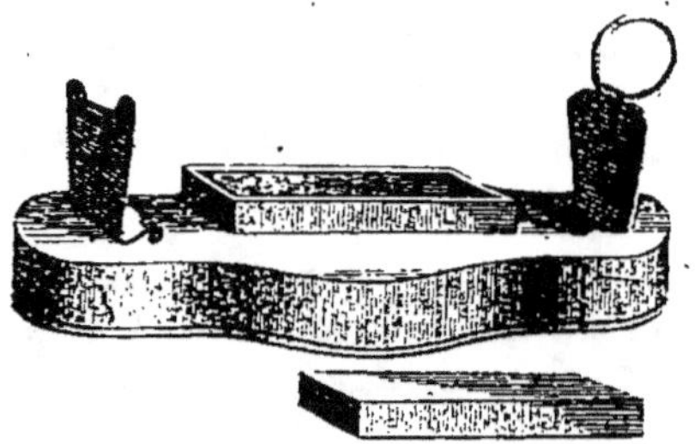

N° 3. — En cuivre poli .... la pièce. 4f 50

FOURNEAU carré, à couvercle, avec bouchon rond

N° 4

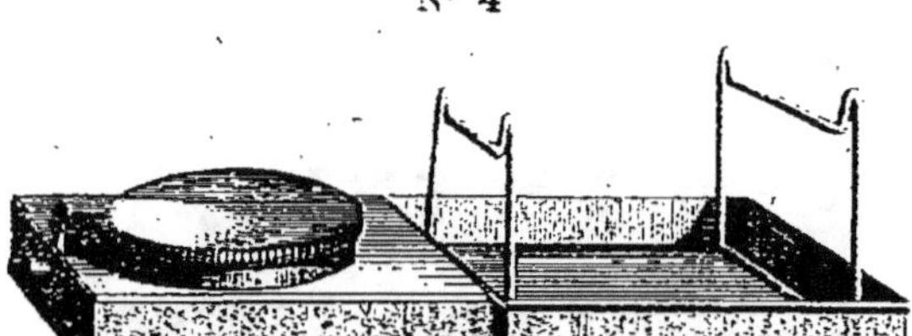

	En cuivre poli, ... la pièce.	6f »
N° 4	Recouvert en maroquin .... —	7 »
	En nickel poli .... —	8 25
	— recouvert en maroquin .... —	9 25

FOURNEAU carré, à couvercle, avec bouchon long

N° 5

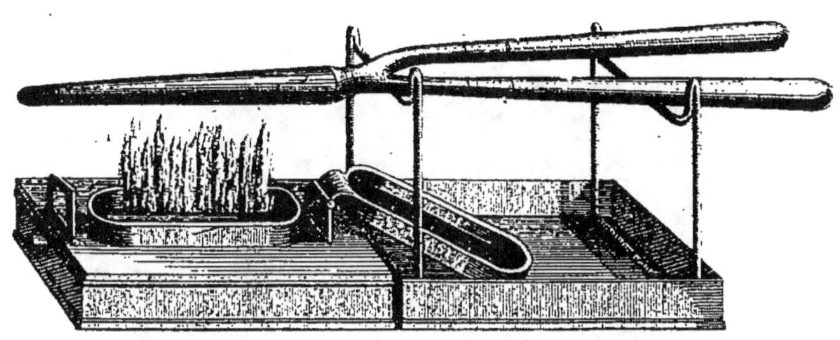

	En cuivre poli	la pièce.	8ᶠ »
N° 5	Recouvert en maroquin	—	9 »
	En nickel poli	—	11 »
	— recouvert en maroquin	—	12 »

FOURNEAU carré, à couvercle, avec compartiment pour fer à papillotes

N° 6

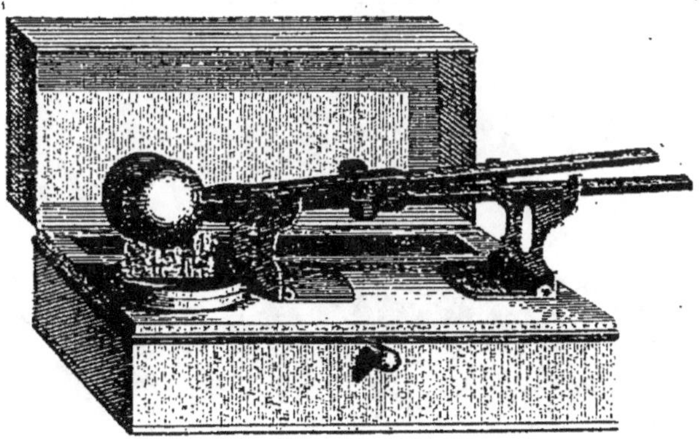

	En cuivre poli	la pièce.	12ᶠ »
N° 6	Recouvert en maroquin	—	13 »
	En nickel poli	—	15 50
	— recouvert en maroquin	—	16 50

FOURNEAU carré, à couvercle, avec compartiment pour fer à friser

N° 7

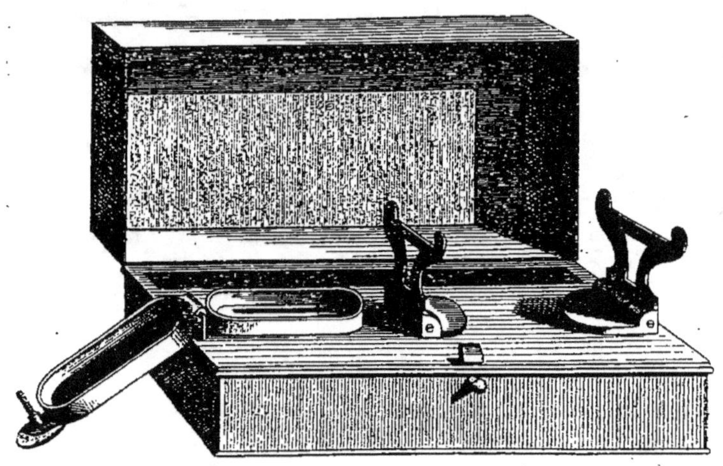

N° 7	En cuivre poli...................................... la pièce.	15f »
	Recouvert en maroquin........................... —	16 »
	En nickel poli.................................... —	18 50
	— recouvert en maroquin................ —	19 50

FOURNEAU carré, à couvercle, avec bouchon rond

N° 8

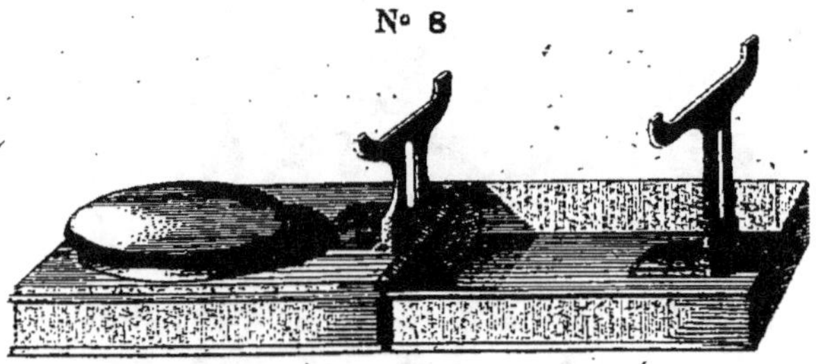

N° 8	En cuivre poli...................................... la pièce.	6f 75
	Recouvert en maroquin........................... —	7 75
	En nickel poli.................................... —	9 »
	— recouvert en maroquin................ —	10 »

FOURNEAU carré, à couvercle, bouchon long et supports
pour bouillottes

N° 9

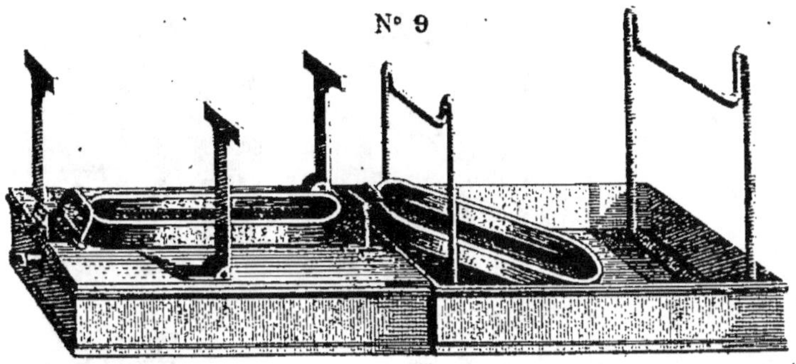

N° 9 { En cuivre poli.................................... la pièce. 10ᶠ »
{ Recouvert en maroquin ....   —   11 »

GAINERIE

ÉTUIS à rasoirs

	la douz.		la douz.
N° 1. Gaînes peau, pointues, 1 place.	9ᶠ »	N° 7. Boîtes plates, filets dorés, 2 places	15ᶠ »
2. — — 2 —	11 »	8. Boîtes plates, encoignures dorées, 2 places.....	11 »
3. Gaînes toile, rondes et carrées, 2 places	11 »	9. Semainiers peau, 7 places	93 »
4. Gaînes toile, rondes et carrées, 1 place	9 »	10. — — 7 —	60 »
5. Boîtes hautes, en peau, 2 places.	30 »	Gaînes papier, 1 place	4 »
6. Boîtes hautes en peau, garniture riche, 2 pl..	42 »	— — 2 —	6 »

GAINES à démêloirs

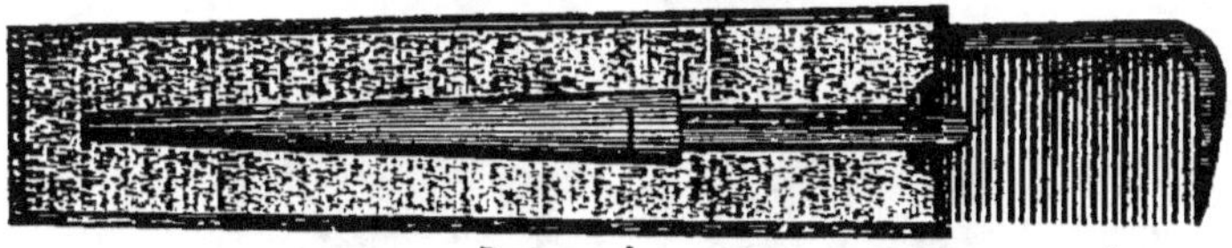

	la douz.		la douz.
De 7 pouces	9ᶠ »	De 6 pouces avec porte-aiguille.	7ᶠ »
— avec porte-aiguille.	10 »	6, 6 1/2 et 7 pouces, en cuir de Russie.............	27 »
6 pouces 1/2..............	7 »	**Gaînes** pour décrassoirs.......	7 »
— avec porte-aiguille.	8 »	— en cuir de Russie.....	27 »
6 pouces.............. ...	6 »		

N° 1. **Coffret** à glace biscautée..................... la pièce 8ᶠ
  2. **Petite Trousse** de poche, avec glace biseautée.. — 9
  3. **Petite Trousse** ovale ou carrée, avec glace
       biscautée, ciseaux, lime et cure-dents........ — 6

Les personnes qui désirent s'abonner au journal **LE COIFFEUR EUROPÉEN**, de LOYSEL, *ou au* **JOURNAL DES COIFFEURS**, de BYSTEWELD, *peuvent nous adresser leur demande.*

N° 1

N° 2

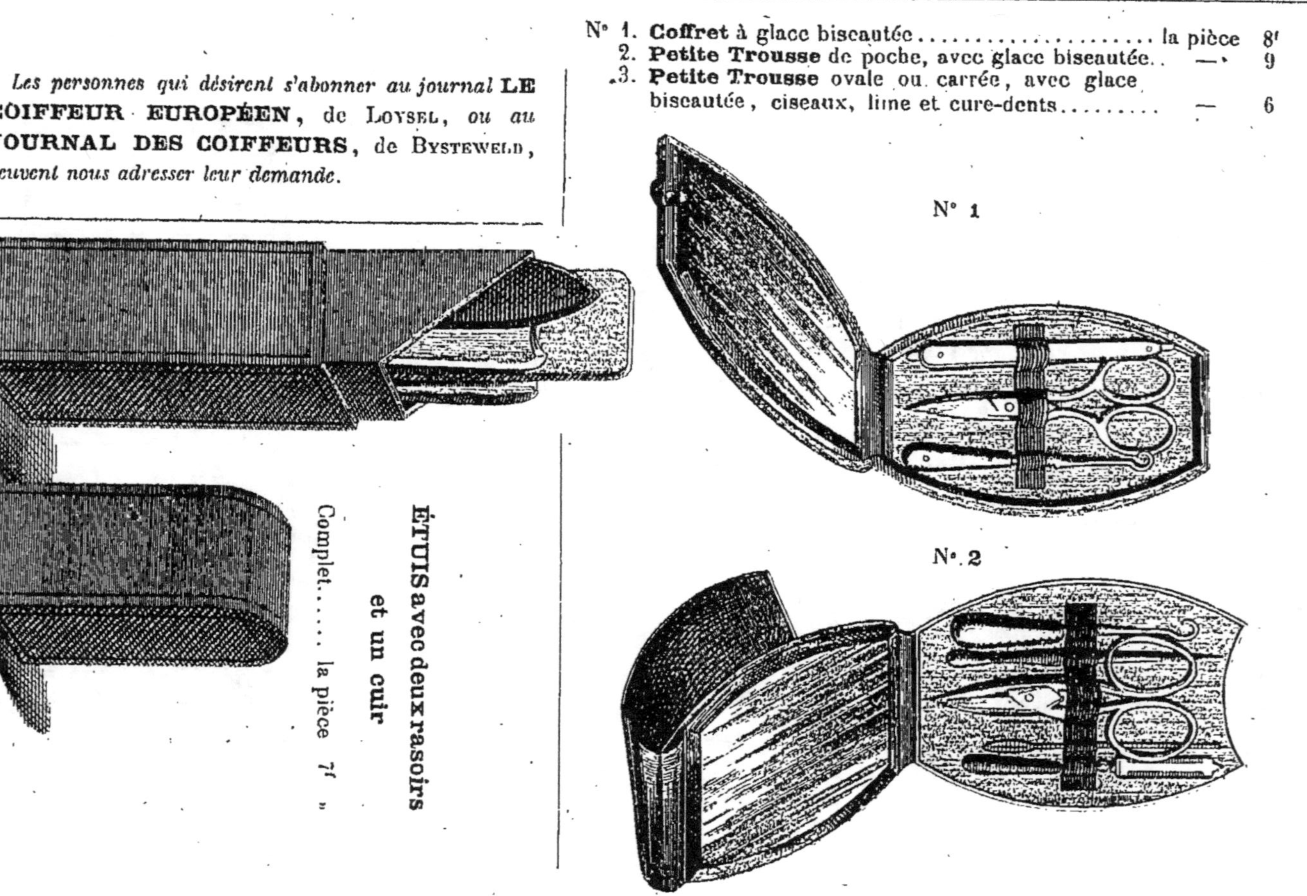

**ÉTUIS avec deux rasoirs
et un cuir**

Complet..... la pièce 7ᶠ »

TROUSSE forme portefeuille, filets or

Tous les articles sont de première qualité.

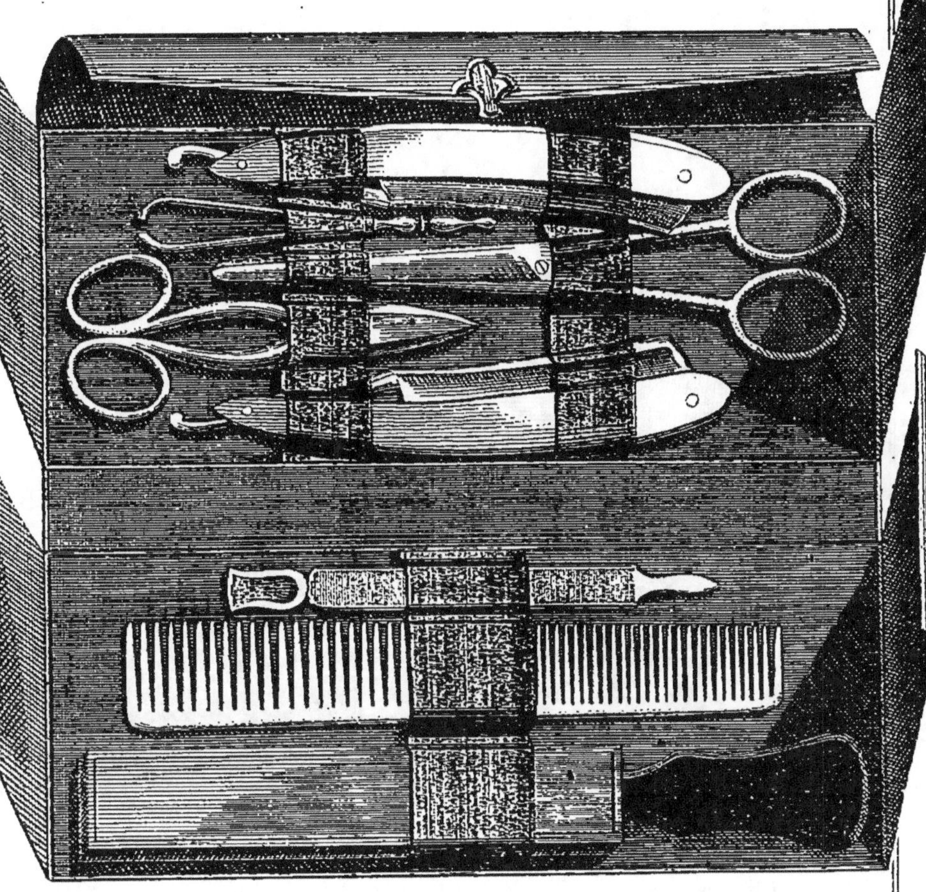

La gaine seule... 11ʳ
Complète.. 23 »

ASSORTIMENT DE TROUSSES DE VOYAGES

TROUSSES pour Coiffeurs

Non garnies . . . . la douz. 54ʳ

Garniture suivant la volonté.

NÉCESSAIRES pour la toilette des ongles, article riche, gaîne cuir rouge ou noir

Nº 1

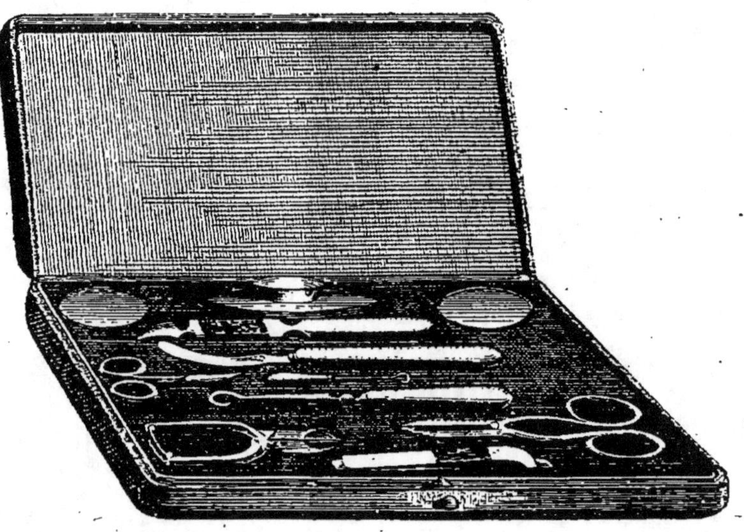

Nº 1.	11 pièces	40ᶠ »	Nº 4.	6 —	16ᶠ »
2.	9 —	35 »	5.	4 —	10 »
3.	8 —	25 »			

Nous faisons ces mêmes nécessaires avec toutes les pièces
en nickel.

Prix divers suivant le nombre de pièces.

BOITES à poudre de riz, en métal

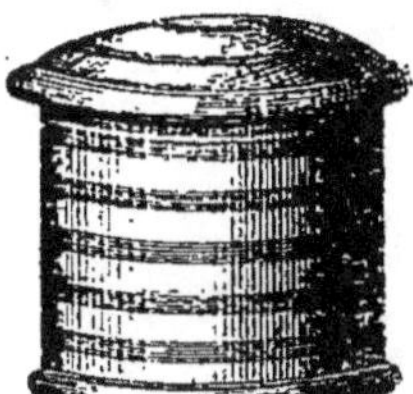

		la douz.	
Nos 0 Unies		8f	»
1	—	9	»
2	—	12	»
3	—	15	»

N° 4

	la douz.	
N° 4 Unies ou gravées.....	24 et 27f	»
N° 5 Guillochées	27 et 30	»
N° 6 Dessins en relief, intérieur porcelaine ..	33	»

BOITES en cuir bouilli, à fleurs ou dessins japonais

La douzaine................ 18f »

BOITES en carton

La douzaine.... 3 » 6 » et 9f »

Pour garnitures, houppes et poudre, 6 et 9 fr. en plus par douzaine.

BOITES à blaireaux

La douzaine........ 33 » et 36f »

N° 1   N° 2

GOURDES

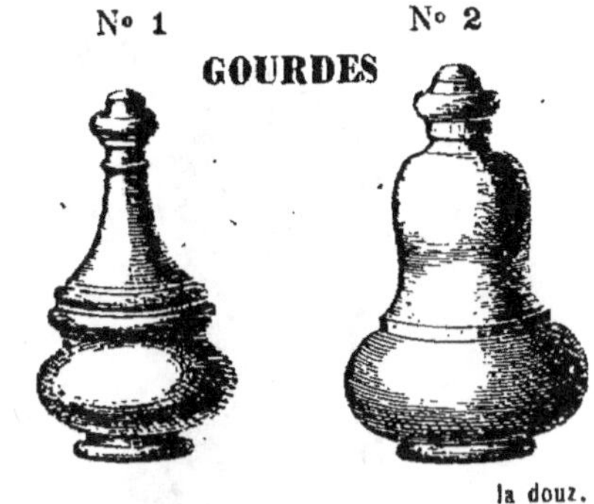

		la douz.	
Nos 1	En métal............	24f	»
	—	27	»
2	En porcelaine bleue ou blanche, petit modèle	18	»
	En porcelaine, grand modèle...........	21	».

N° 2   BOLS à barbe   N° 4

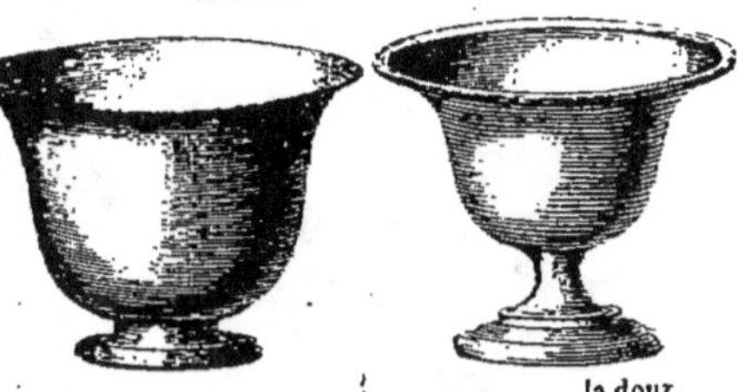

		la douz.	
Nos 0	En métal, intérieur porcelaine.	12f	»
1	— —	14	»
2	— —	17	»
3	A pied, tout métal.....	24	»
4	— —	27	»

BOITES à brosses

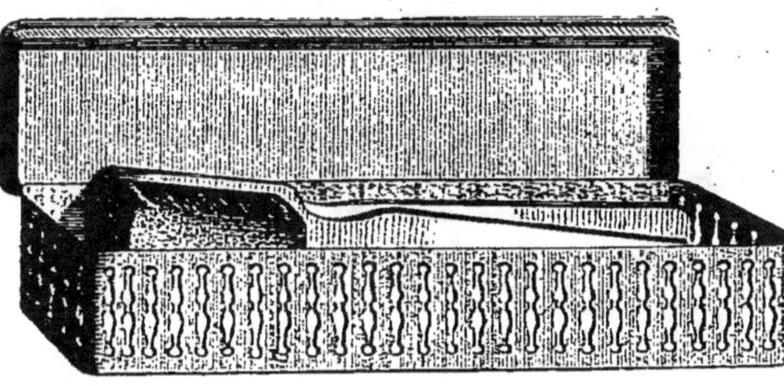

	la douz.	
Nos 1..	31f	»
2..	36	»

TRONCS pour Coiffeurs

N° 1

N° 2

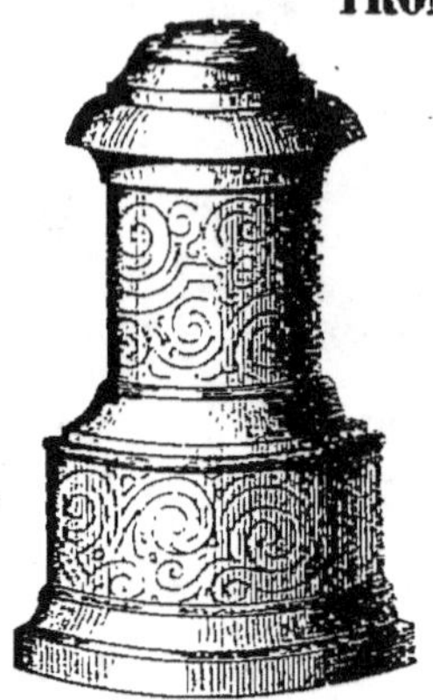

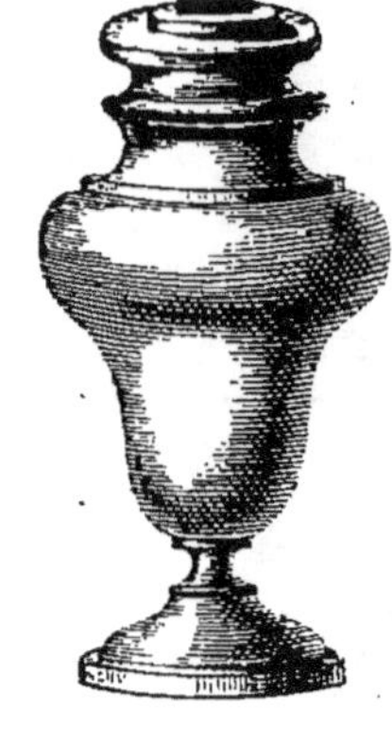

		la pièce.
N°ˢ 0	Forme basse, en métal..	4ᶠ 50
1	Gravé ou guilloché....	8 »

		la pièce.
N°ˢ 2	Uni, à pied	10ᶠ »
3	En fer-blanc, avec pensée...	2 et 3 »

GARNITURES de toilette, en nickel

Métal inoxydable, aussi beau que l'argent, ne se ternissant pas

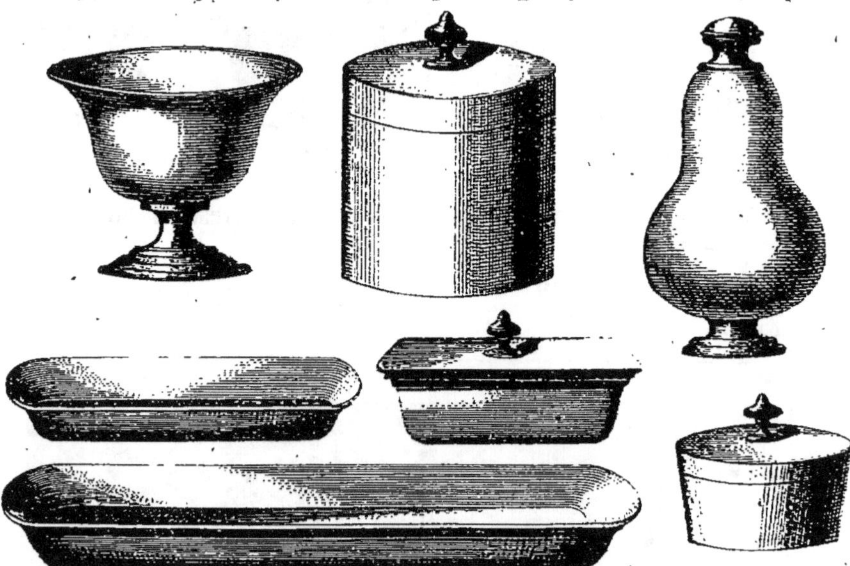

Boîte à poudre........	la pièce	7ᶠ 75	Boîte à brosses........	la pièce	5ᶠ 50
— à savon.........	—	6 75	— à cosmétique....	—	3 50
— à pommade......	—	6 »	Pinceaux à barbe, monture soie...	—	2 50
Gourdes............	—	4 25	— — blaireau.	—	4 50
Bols à barbe........	—	4 25			

GARNITURES de toilette, en cristal
Couleurs : vert clair, opale, bleue et gris perle

Boîtes à poudre........	la pièce	1f 75	Coupe à épingles.......	la pièce	»f 90
Pots à pommade	—	1 »	Boîtes à savon	—	1 90
Grands flacons	—	1 50	— à brosses.......	—	3 50
Flacons à brillantine...	—	» 75	Bois à barbe..........	—	1 50
Coupe ovale ou ronde..	—	1 25			

BOITES à savon, en métal

Modèle courant .... la douzaine	21 » et	24f »
— à charnières, carrés ou coquilles .... —	24 » et	27 »
En métal anglais............... .... —	24 » et	27 »

HOUPPES à poudre de riz

Nos 0	La douzaine..........	3f »
1	—	....	4 »
2	—	....	6 »
3	—	....	9 »
4	—	....	12 »

PATTES à poudre de riz

En lièvre...	la douz.	12f »
En cygne...........	—	18 »

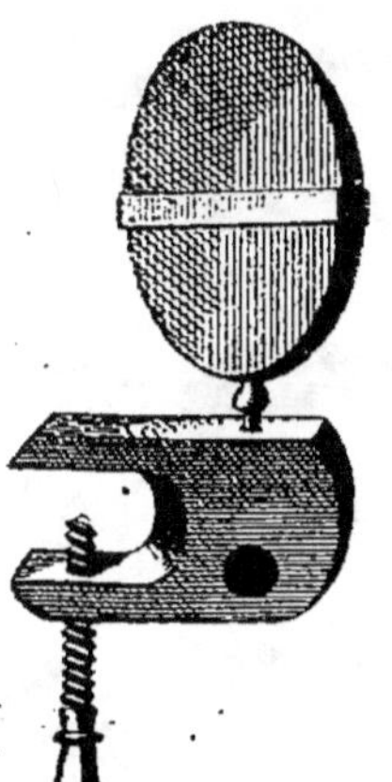

DISQUES
Pour coiffer les Chignons

	la douz.
En bois vernis	15f »
— noyer.	18 »
— noir..	18 »
En bois palissandre.....	72 »

SACS à éponges

		la douz.
En gaze chiffon..............		9f »
Sacs anglais carrés, quadrillés	Nos 1	12 »
	2	16 »
	3	21 »
Sacs anglais, forme évêque	Nos 1	15 »
	2	20 »
	3	28 »

TROUSSES en moleskine pour voyage

Intérieur quadrillé, avec places pour tous les articles de toilette.

Nos 1	La pièce...............	5f »
2	—	6 »
3	—	7 50

CARTES d'échantillonnages

Composées de 16 nuances numérotées, très-commodes pour les réassortiments et indispensables pour prendre les commandes en ville.

La pièce................... 10f »

BLAIREAUX

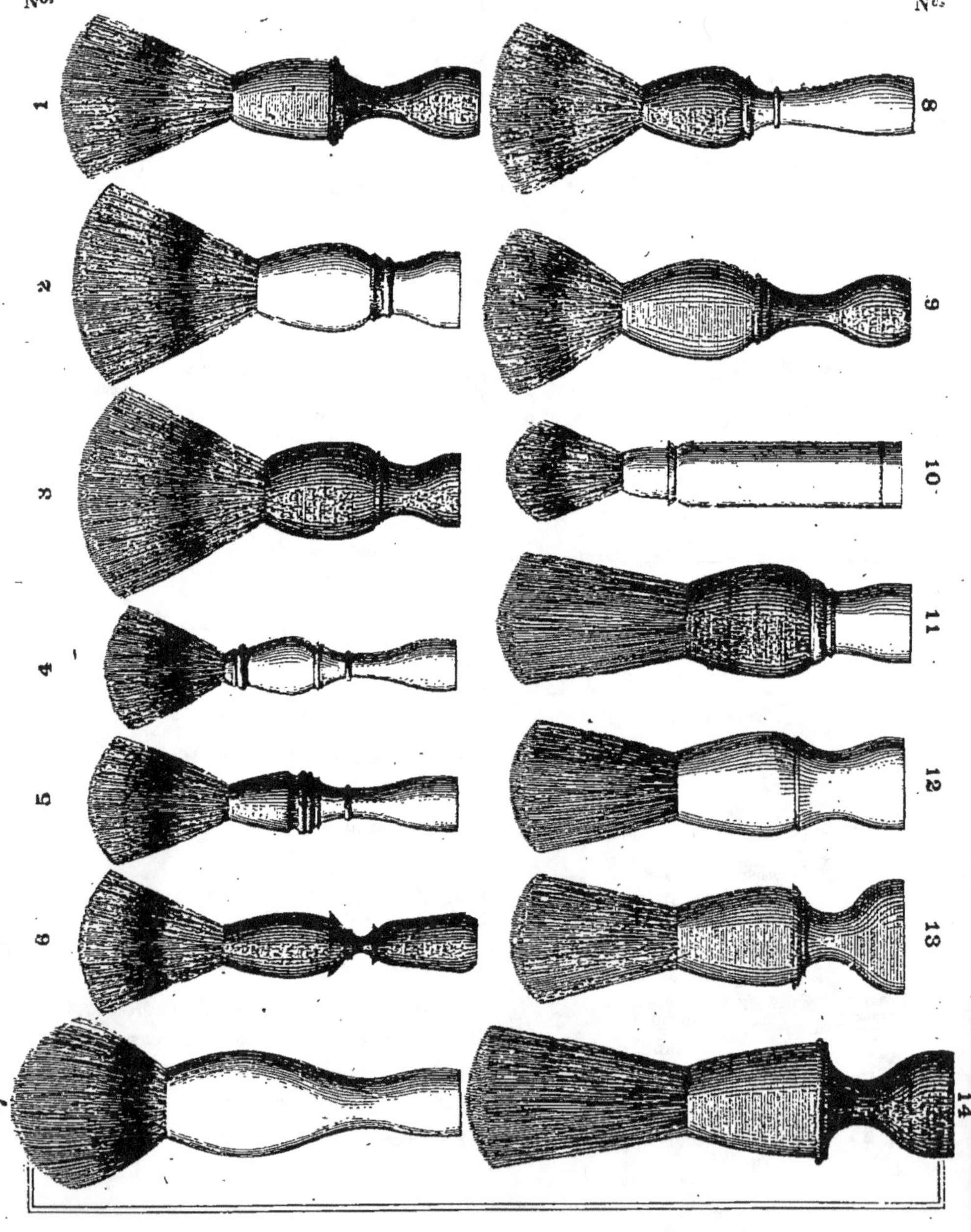

BLAIREAUX

Nos			la douz.	
1	1	Manche noir et étain...	7f	»
	2	— —	9	»
	3	— —	12	»
	4	— —	16	»
2	5	Manche court tout os..	15	»
	6	— —	18	»
	7	— —	40	»
3	8	Manche buffle court...	15	»
	8 bis	— —	18	»
	9	— —	40	»
4	10	Manche long en os....	17	»
	11	— —	22	»
5	12	Manche long os et étain..	14	»
	13	— —	17	»
6	14	Manche long en buffle.	16	»
	15	— —	24	»
7	16	Manche os, (modèle égyptien)	15	»
	17	— —	17	»
	17 bis	— —	27	
8	18	Manche os et buffle....	21	»
9	19	Manche bois noir et coco	17	»
10	20	Manche os pour trousse	21	»
11	21	Manche os et buffle (soie)	22	»
12	22	Manche os............	22	»
13	23	Manche métal (soie)...	21	»
	24	— —	16	»
14	25	Manche bois et étain (soie)	9	»
	25 bis	— —	12	»
	26	— —	16	»

Assortiment de Blaireaux manche ivoire
Prix divers

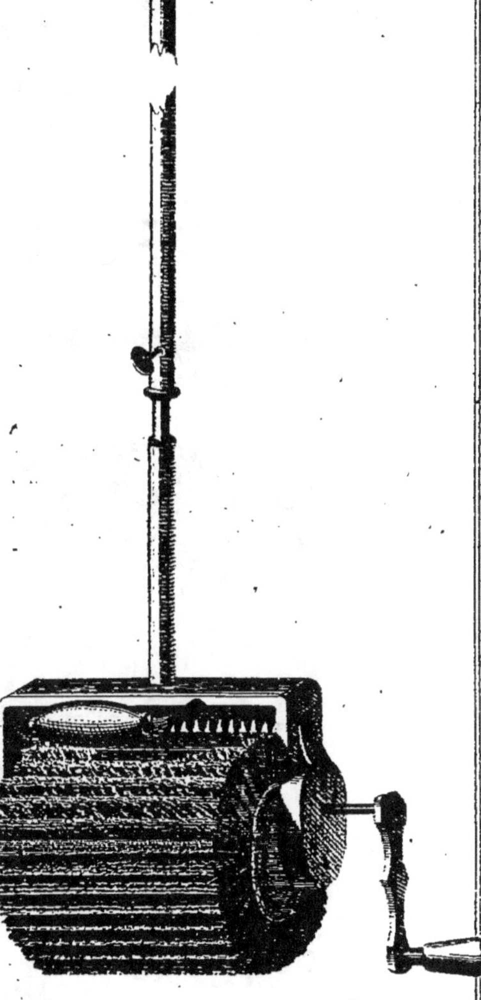

BROSSE mécanique, système perfectionné

Complète.................	100f	»
Brosse de rechange.........	40	»

BROSSERIE

N° 1

N° 2

N° 3

N° 4

N° 5

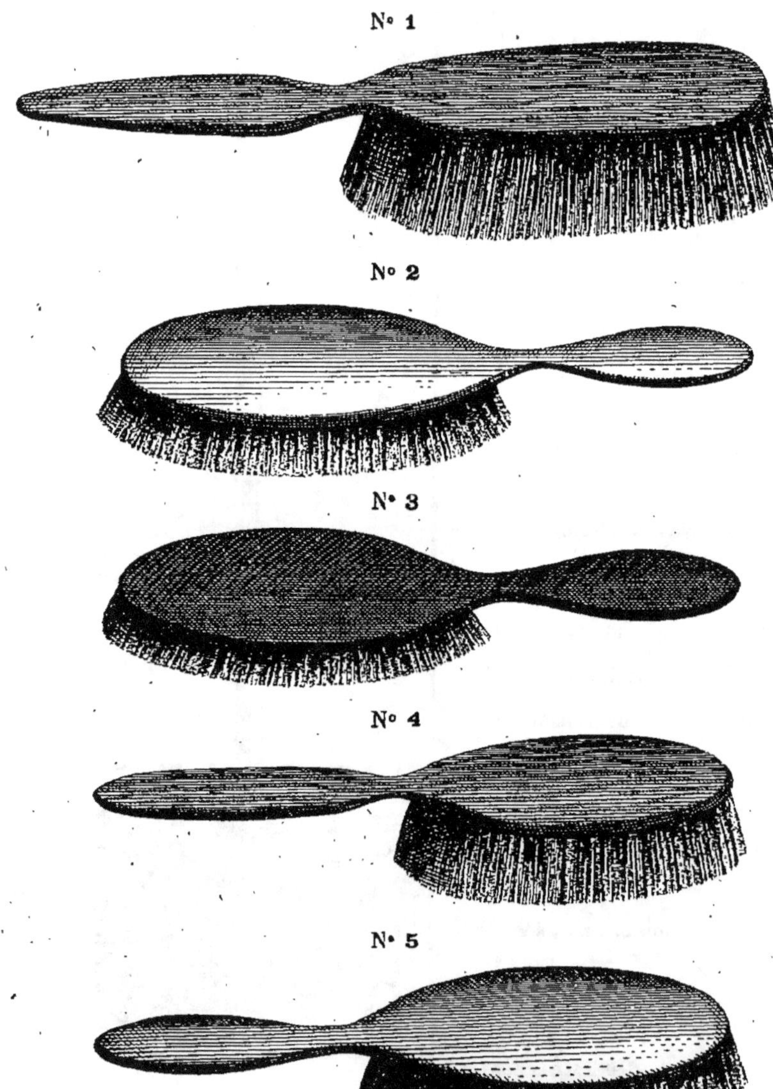

BROSSERIE (*suite*)

N° 6

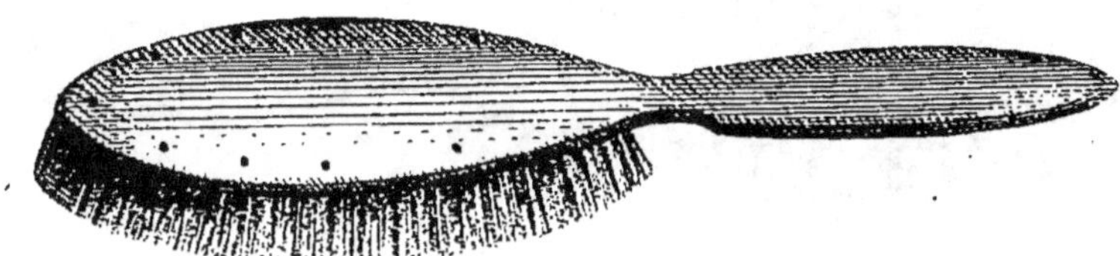

BROSSES à tête

Modèle poire, allongé, pour Dames :

	N°ˢ				la douz.	
1	1	Soie haute, blanche ou rousse,	11 rangs		64ᶠ	»
	2	—	—	13 —	80	»
	3	—	—	15 —	96	»

Modèle ballon anglais :

	N°ˢ				la douz.	
2	4	Soie plate, blanche ou rousse,	9 rangs		22ᶠ	»
	5	—	—	11 —	28	»
	6	—	—	13 —	40	»
	6 bis	—	—	15 —	54	»

Modèle ballon, soie extra, carde bombée :

	N°ˢ				la douz.	
3	7	Soie blanche ou rousse,	11 rangs		40ᶠ	»
	8	—	—	13 —	48	»
	9	—	—	15 —	56	»
	10	—	—	17 —	72	»

Modèle ballon, manche pointu, soie haute, extra :

	N°ˢ				la douz.	
4	11	Soie forte, blanche ou rousse,	11 rangs		44ᶠ	»
	12	—	—	13 —	56	»
	13	—	—	15 —	72	»

Modèle plaqué, en bois de citronnier :

	N°ˢ				la douz.	
5	14	Soie blanche ou rousse,	9 rangs		18ᶠ	»
	15	—	—	11 —	24	»
	16	—	—	13 —	30	»
	16 bis	—	—	15 —	40	»

Modèle plaqué, à vis, bois de citronnier :

	N°ˢ				la douz.	
6	17	Soie blanche ou rousse,	9 rangs		22ᶠ	»
	18	—	—	11 —	28	»
	19	—	—	13 —	34	»
	19 bis	—	—	15 —	44	»

Tous les modèles n°ˢ 1, 2, 3 et 4, en bois de citronnier, palissandre, bois noir ou bois de rose, au choix, **sans augmentation
de prix.**

ROBINETS A SCHAMPOING donnant eau chaude et eau froide par le
même orifice... 35ᶠ »

ROBINETS ORDINAIRES .... 9 » et 25 »

BROSSERIE (*suite*)

No 7

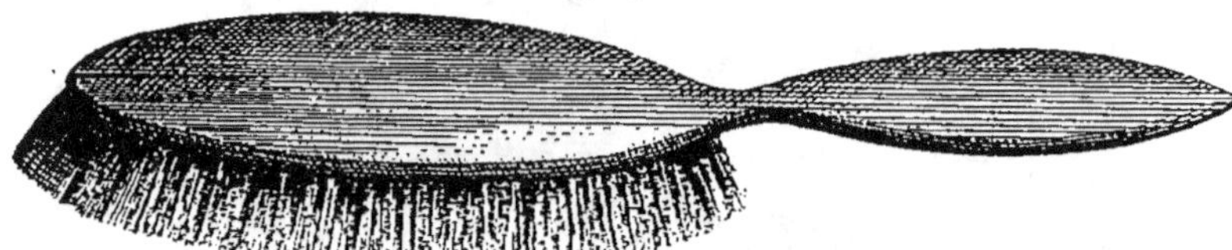

No 8

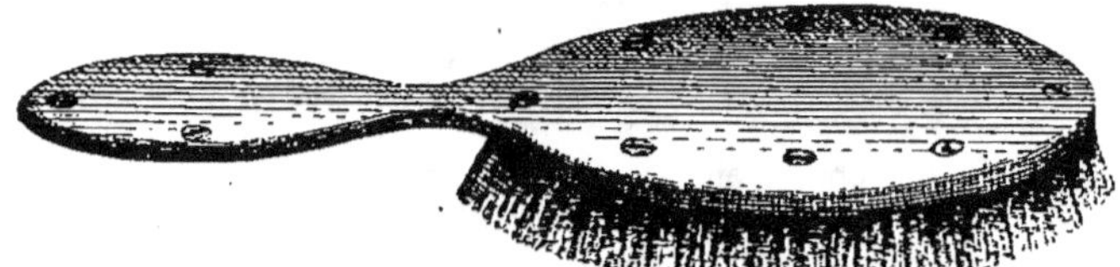

No 9

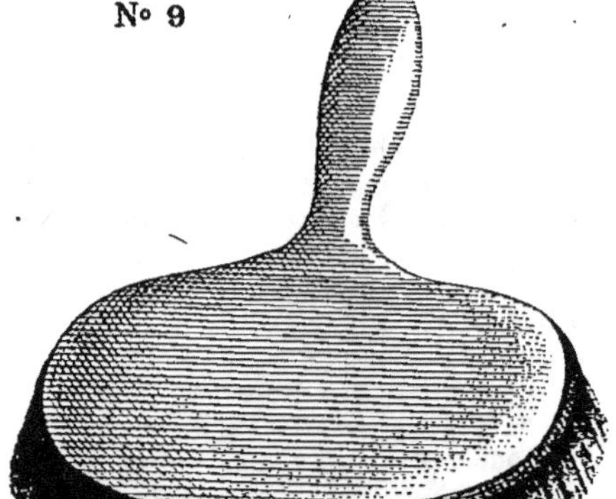

No 10

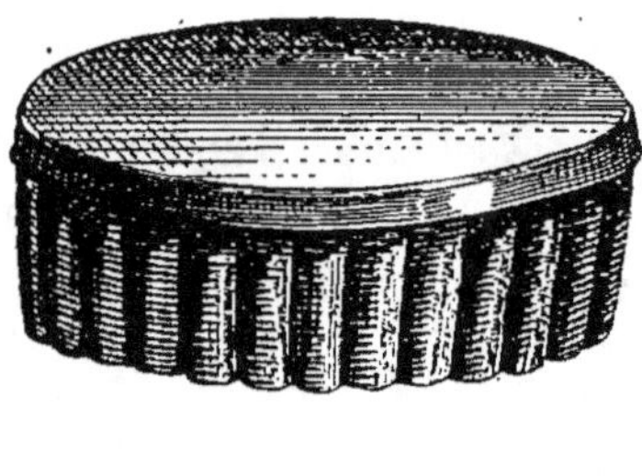

No 11

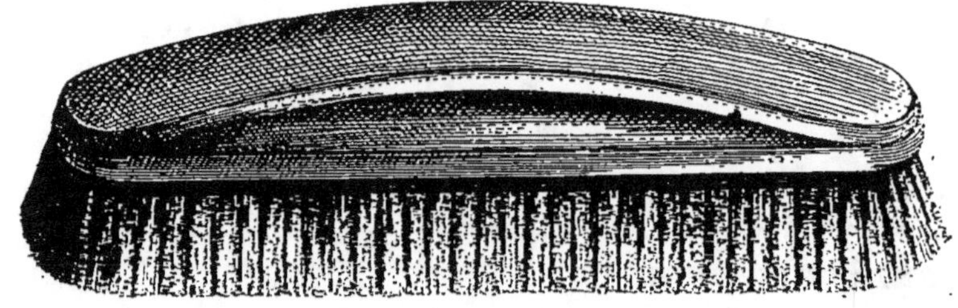

BROSSERIE (*suite*)

N° 12

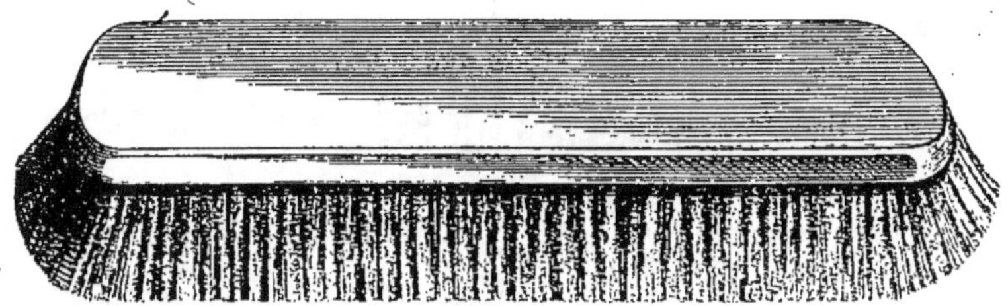

N° 13

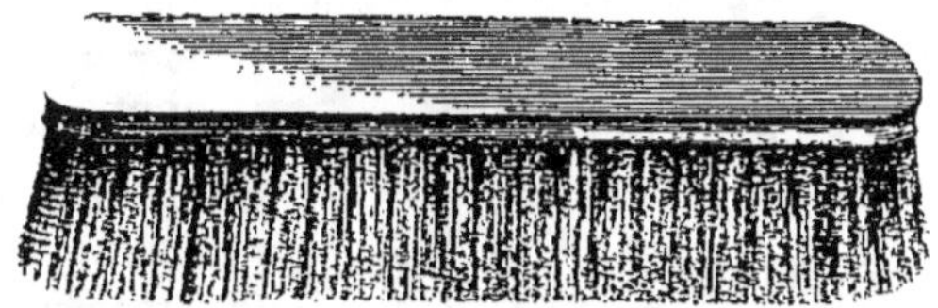

N° 14

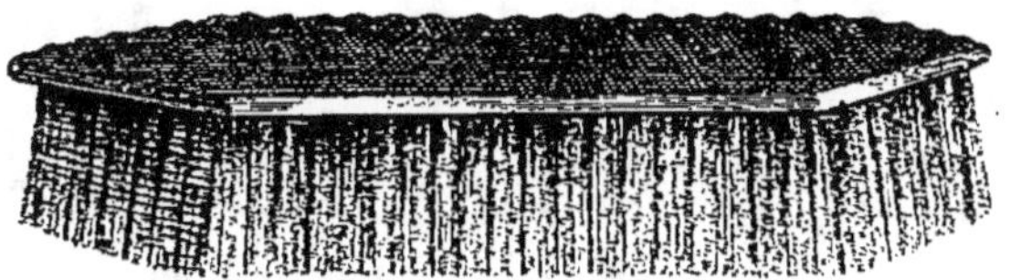

N° 15

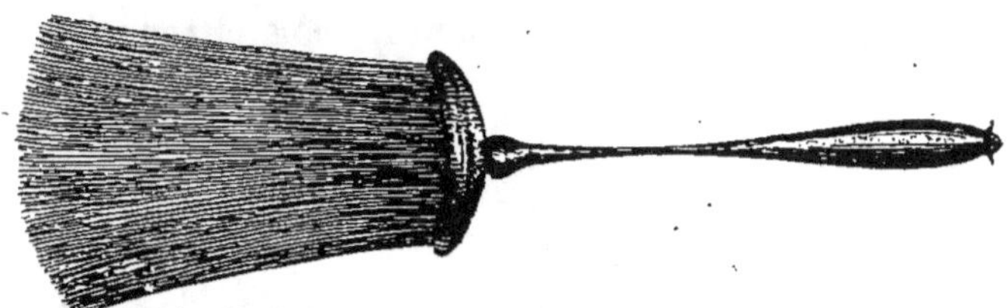

Modèle forme zône, en citronnier :	BROSSES à tête, spéciales pour l'usage des Coiffeurs
	Modèle ballon, gros trous, en citronnier :

N°		la douz.
7 {	20 Soie grise très-dure ou blanche, haute, 11 rangs	36f »
	21 Soie grise très-dure ou blanche, haute, 13 rangs	44 »

N°				la douz.
8 {	22 Soie rousse, 9 rangs..			42f »
	23 — 11 — ..			48 »
	24 — 13 — ..			60 »
	25 — 15 — ..			76 »
	26 — 17 — ..			96 »

BROSSERIE (*suite*)

BROSSES étrilles

9   La douzaine............. 72ᶠ »

Grand assortiment de brosses à tête

Modèles différents, très-avantageux
pour la vente courante :
La douz. 12, 15, 18, 21, 24, 27 et 30ᶠ »

BROSSES à frictions, en flanelle et bois citronnier

10 La douz. 16 » 24 » et 30ᶠ »

BROSSES à habits

		la douz.
11	Cintrées, en paliss., soie noire, 11 rangs	72ᶠ »
	— en acajou, soie grise, 11 —	48 »
12	Citronnier ou palissandre, soie noire, 9 —	22 »
	— — — 10 —	28 »
	— — — 11 —	36 »
	— soie blanche, 9 —	30 »
	— — — 10 —	36 »
	— — — 11 —	44 »

BROSSES à habits (*suite*)

Bois de citronnier, bois de rose,
palissandre ou bois noir :

12 bis	9 rangs....... la douz.	39ᶠ »
	10 — .... —	48 »

BROSSES à habit, en chiendent

Dos bois ou dos velours, la
douzaine... 9 » 13 » et 18ᶠ »
Dos citronnier, garniture crin
rouge, la douz. 18 » 21 » et 24 »

BROSSES à chapeaux

		la douz.
13	Bois de citronnier, bois de rose, paliss. ou bois noir.	21ᶠ »
	Dos citronnier ou palissandre....... 12 » et	16 »
14	Dos velours	12 »
	Pour bords étroits	19 »

BROSSES époussettes pour chapeaux de Dames

		la douz.
15	En crin blanc...........	14ᶠ »
	— garniture crin rouge.	18 »

BROSSES à tête, sans manche, bois citronnier

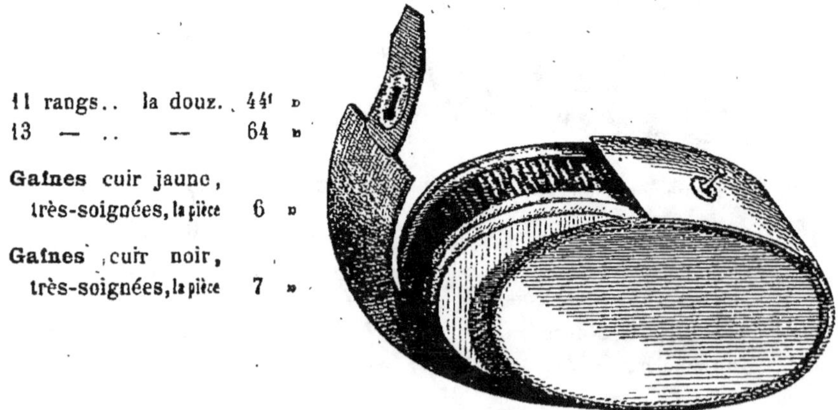

11 rangs.. la douz. 44ᶠ »
13 — ..   —   64 »

Gaînes cuir jaune,
  très-soignées, la pièce 6 »

Gaînes cuir noir,
  très-soignées, la pièce 7 »

BROSSERIE (*suite*)

BROSSES à mains, rotatives, soie rousse ou grise, très-forte

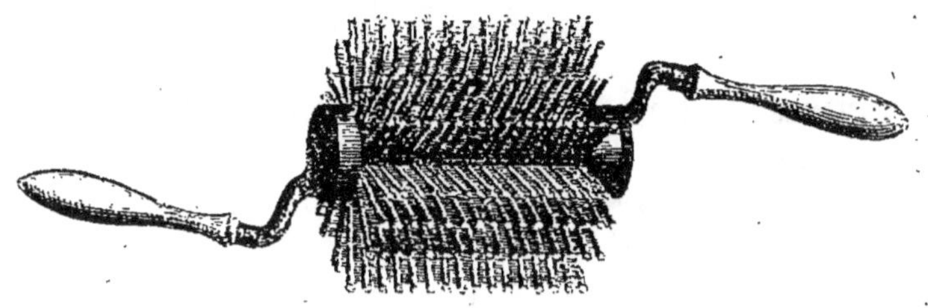

La pièce... 20ᶠ »

BROSSES balais

La douzaine......... 4 50 et 8ᶠ »

BROSSES pour enfants

	la douz.
En citronnier ou palissandre...	12ᶠ »
En os......................	14 »
Forme balais, un côté doux....	10 »

BROSSES à barbe et moustaches, en os

La douzaine. 9. 10, 15, 17 et 26ᶠ »

BROSSES à brillantine, en citronnier

La douzaine........ 9 » et 12ᶠ »

BROSSES à poudre

En os .... la douzaine 12ᶠ »
En citronnier ou bois de rose,
la douzaine....... 12 » et 16 »

BROSSES à frictions

La douzaine................. 12ᶠ »

BROSSES à cou

La douzaine................. 18ᶠ »

BROSSES à bandoline, dure ou molle, os, buffle, citronnier ou bois de rose

La douzaine........ 9 » et 12ᶠ »

BROSSES à peignes

La douzaine....... de 4 50 à 15ᶠ »

BROSSES à dents, manche os ou buffle

		la douz.
3 rangs, en 2 nᵒˢ de force, soie ou crin .		4ᶠ »
4 — 7 —	......	6 »
5 — — —	......	8 »
4 rangs, manche en buis	......	6 »
5 — — —	......	7 »

Grand assortiment de modèles variés, manche buffle, blaireau, à chicot, etc.

De................. 6 » à 9ᶠ »

BROSSERIE EN IVOIRE

BROSSES à tête

Modèle carré

9 rangs, soie blanche.	la pièce	12ᶠ	»
11 —	—	—	16	»
13 —	—	—	20	»

Modèle manche torsade

9 rangs, soie blanche.	la pièce	14ᶠ	»
11 —	—	—	18	»
13 —	—	—	22	»

Modèle ballon

9 rangs, soie blanche.	la pièce	14ᶠ	»
11 —	—	—	16	»
13 —	—	—	20	»

BROSSES à poudre

La pièce......................	10ᶠ	»
Avec manche torsade. la pièce	12	»

BROSSES à habits

8 rangs, soie blanche..	la pièce	14ᶠ	»
9 —	—	—	16	»

BROSSES à chapeaux

La pièce...................... 10ᶠ »

BROSSES à ongles

6 rangs.............	la pièce	5ᶠ	»
8 —	—	7 50
10 —	—	9	»

Modèle manche torsade

6 rangs.............	la pièce	6ᶠ 50
8 —	—	9	»
10 —	—	10 50

BROSSES à dents

3 rangs.............	la pièce	2ᶠ 50
4 —	—	2 75
5 —	—	3	»

Modèle manche torsade

3 rangs.............	la pièce	3ᶠ 25
4 —	—	3 50
5 —	—	3 75

BOITES à poudre

La pièce. 15 » 20 » 30 » et 40ᶠ »

Petites Boites de poche avec glace,
   depuis.................... 1ᶠ 50

BAGUETTES à gants

La pièce........... 10 » et 14ᶠ »

GLACES à main

Mesures prises sur la largeur, ivoire
      compris.

De 9 centimètres....	la pièce	25ᶠ	»
10 —	....	—	32	»
11 —	....	—	42	»
12 —	....	—	53	»

Forme torsade

De 9 centimètres....	la pièce	42ᶠ	»
10 —	....	—	53	»
11 —	....	—	65	»

GLACES de poche

De 2 pouces........	la pièce	9ᶠ	»
2 — 1/2.........	—	10	»
3 —	—	13	»

Garnitures de toilette, composées de **Brosses à tête, à habits, à chapeaux, à poudre de riz, à ongles et à dents**, dans un écrin, à partir de..   70ᶠ »

GARNITURE Brosses ivoire, complète.......................... 172ᶠ »

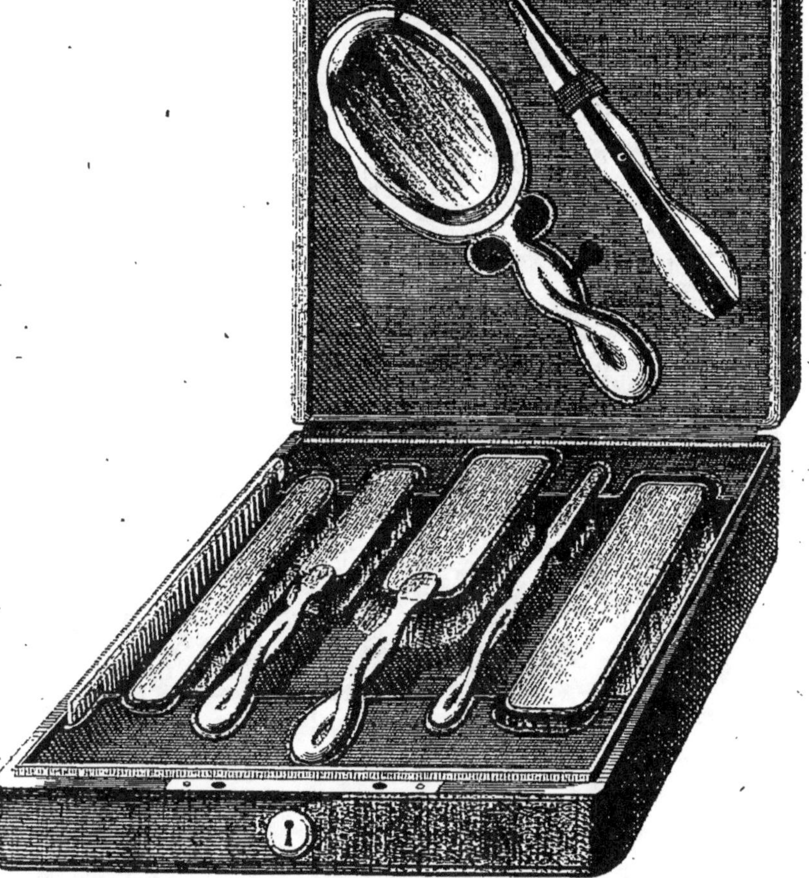

Gaine modèle nº 1. — Garniture intérieure velours de soie et satin, couverture peau, fermeture à clef, la gaine seule................................. 40ᶠ »

Garniture Brosses suivant la volonté (*voir les prix à l'article* **Brosserie ivoire**)

GARNITURE Brosses, en bois noir

Complète. . . . . 35ᶠ »

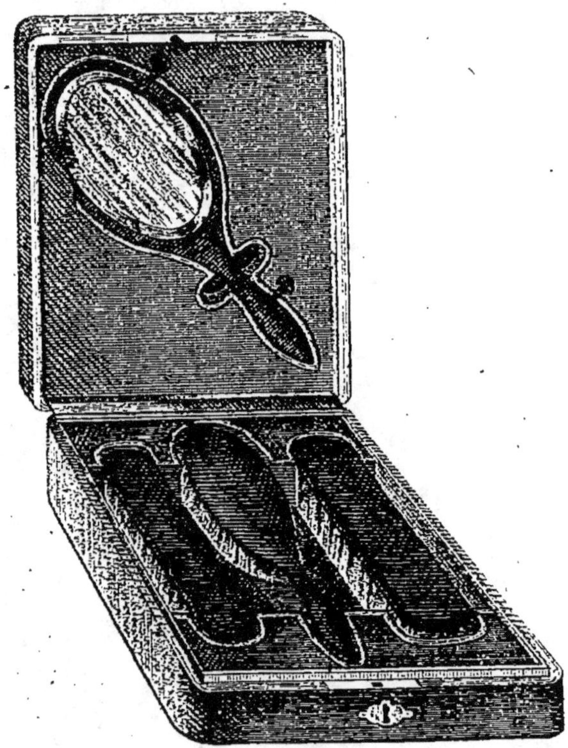

Gaine modèle n° 2.

Garniture intérieure velour et satin, couverture imitation peau, fermeture à clef,
la gaine seule. . . . . 20ᶠ »

Garniture Brosses suivant la volonté. (*Voir les prix à l'article* **Brosserie.**)

GARNITURE Brosses citronnier

Complète. . . . . 20ᶠ »

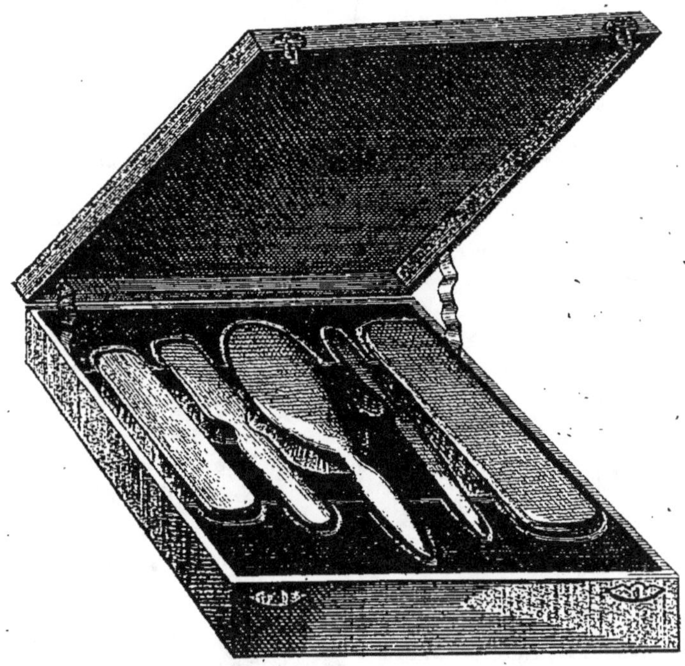

Gaine modèle nᵒ 3.

Garniture intérieure velour et papier moiré, couverture imitation peau, fermeture
à crochets, la gaine seule. . . . . 10ᶠ »

Garniture Brosses suivant la volonté. (*Voir les prix à l'article* **Brosserie.**)

BROSSES à ongles, en os ou buffle

(1re QUALITÉ)

6 rangs............ la douz.	12f	»
8 — .... —	18	»
10 — .... —	28	»

Ordinaires, en os

6 rangs............ la douz.	6f	»
8 — .... —.	9	»
10 — .... —	12	»

En buis, soie blanche ou rousse

6 rangs............ la douz.	10f	»
8 — .... —	15	»
10 — .... —	20	»

PEIGNES

Démêloirs corne Irlande ou buffle

(QUALITÉ EXTRA)

6 pouces............ la douz.	11f	»
6 — 1/2.......... —	12	»
7 — .... —	14	»

Démêloirs corne Irlande ou buffle, à baguette

(QUALITÉ EXTRA)

6 pouces............ la douz.	17f	»
6 — 1/2......... —	18	»
7 — .... —	20	»

Démêloirs anglais, corne Irlande ou buffle, 1/2 baguette

6 pouces............ la douz.	16f	»
6 — 1/2....... —	17	»
7 — .... —	18	»

Démêloirs anglais, corne Irlande ou buffle, à baguette

6 pouces.......... la douz.	19f	»
6 — 1/2........ —	20	»
7 — .... —	21	»

Démêloirs tout à grosses dents, corne Irlande ou buffle

6 pouces.......... la douz.	12f	»
7 — .... —	15	»

Nous avons les démêloirs en moins belle qualité, à des prix modérés. Les articles ci-dessus sont garantis qualité extra.

PEIGNES fins, décrassoirs

la douz.

Corne Irlande, unie 5 » 6 » et	8f »
— à gouttière 6 » 8 » et	10 »
Buffle superfin, uni 5 » 6 » et	7 »
— à gouttière 6 » 7 » et	8 »
Buis, peigne d'un seul côté.....	2 »
— des deux côtés.....	3 »

PEIGNES Ninon

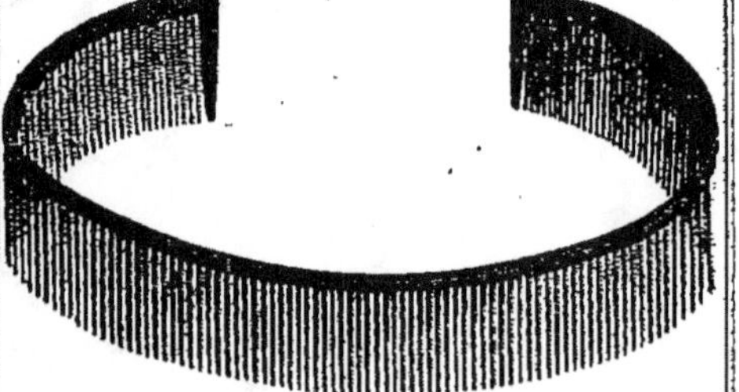

Modèle courant

En buffle.......... la douz.	10f	»
— imitation........ —	10	»
— corne blonde..... —	10	»
— — Irlande.... —	16	»

PEIGNES Ninon (*suite*)

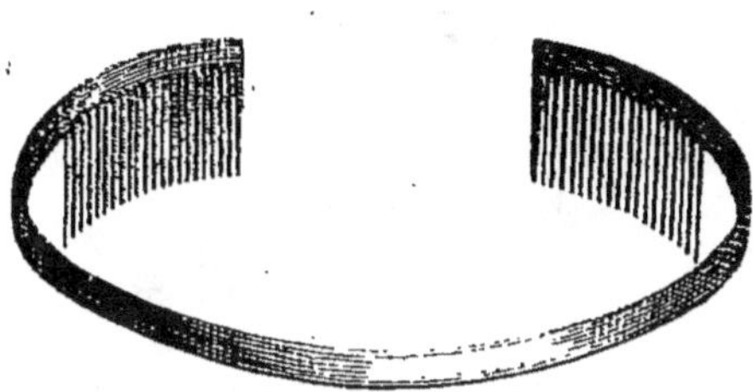

A barrette

En buffle.......... la douz.	12f	»
— imitation........ —	12	»
— corne blonde.... —	12	»
— — Irlande.... —	18	»

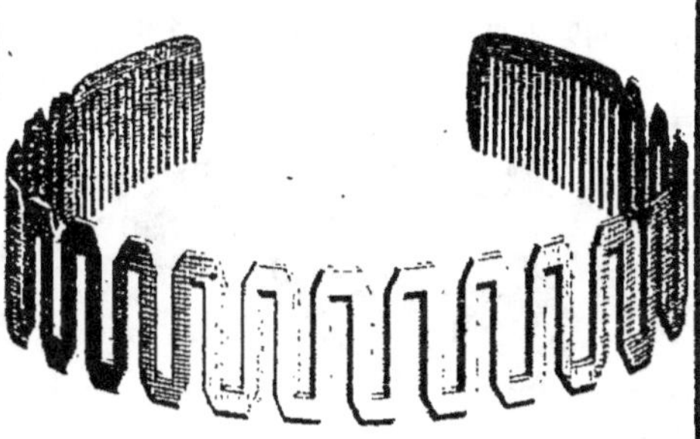

A grecques

En buffle.......... la douz.	14f	»
— imitation........ —	14	»
— corne blonde..... —	14	»
— — Irlande.... —	24	»

DÉMÊLOIRS en ivoire

(1er CHOIX)

Travers fil		Droit fil	
	la douz.		la douz.
6 pouces.. 51f	»	6 pouces.. 72f	»
6 — 1/2 57	»	6 — 1/2 78	»
7 — .. 63	»	7 — .. 84	»

Les mêmes à baguette, 15 fr. en plus par douzaine.

DÉCRASSOIRS ivoire

(1er CHOIX)

	la douz.
Renforcés, anglais...	15 » et 18f »
— Paris....	18 » et 21 »
Fins	33 » et 39 »
Superfins..........	36 » et 42 »
Extra-fins..........	42 » et 48 »

DÉCRASSOIRS à dos

Même prix.

PEIGNES créoles, buffle ou imitation

De 8 et 9 cent....... la douz.	6f	»
— 10 et 11 — .. .... —	7	»
— 12 et 13 — .... —	9	»
Peignes créoles, à barrettes. —	9	»

PEIGNES à Berthe, buffle ou imitation

| Ordinaires.. la douz. de paires | 7f | » |
| A grandes dents — | 9 | » |

Peignes naissants... la douz.	3f 50
— à touffes .... —	3 60
— à papillotes.. —	9 »

Pour les gaînes à démêloirs et à décrassoirs, voir page 23.

PEIGNES en plomb

Déméloirs	la douz.	13ᶠ »
Décrassoirs.........	—	13 »
A favoris (fermant) ..	—	10 »

FOURCHETTES buffle ou imitation pour monter les chignons

A 6 dents.............	la douz.	3ᶠ 50
7 —...............	—	4 »
8 —	—	5 »

PEIGNES-CHIGNONS buffle ou imitation

	la douz.
A baguette.................	6ᶠ »
Metternick de 0ᵐ12..........	15 »
Peignes boules jais taillé, de 12 à	54 »
Peignes girafe........ de 15 à	36 »
— droits........ de 15 à	27 »

PEIGNES-FOURCHETTES

Unis .... la douz.	6 » à 8ᶠ »
A baguette.... —	8 » à 12 »

Grand assortiment de Peignes à chignons haute nouveauté, et tous genres de Parures fantaisies ayant rapport à la coiffure.

Prix divers.

LISSOIRS en buffle

A manche .... la douz.	10ᶠ »
A queue de rat....... —	10 »

PEIGNES de poche (fantaisie)

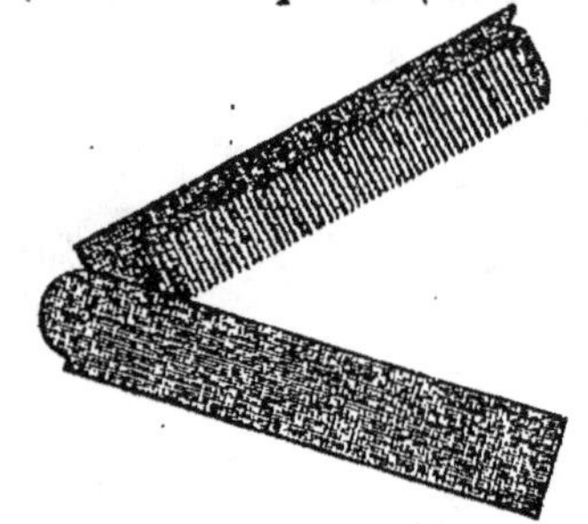

Lissoir fermant, la douz. 7 » à 9ᶠ »

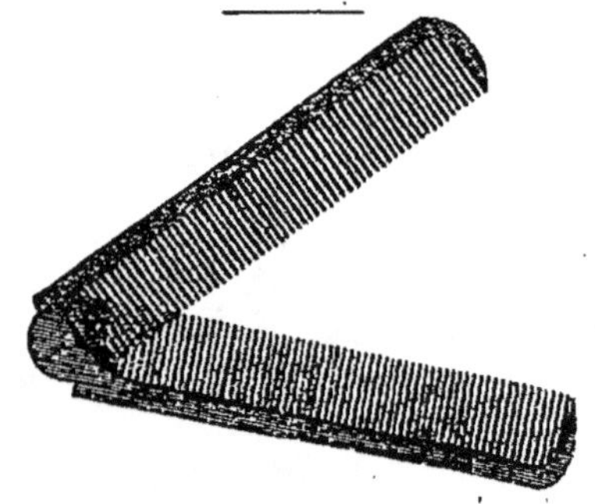

Peigne-favoris double, la douz. 8 et 12ᶠ »

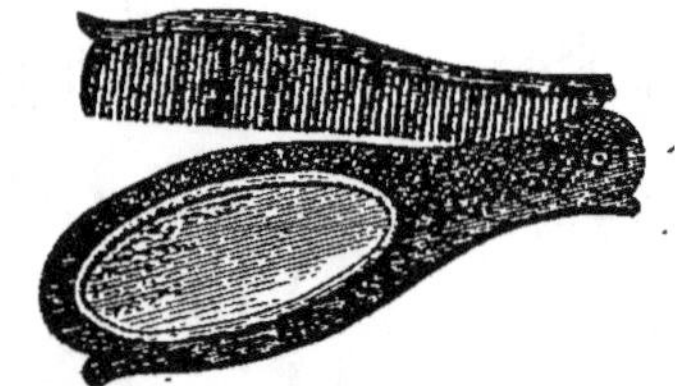

Peigne avec glace.... la douz. 9ᶠ »

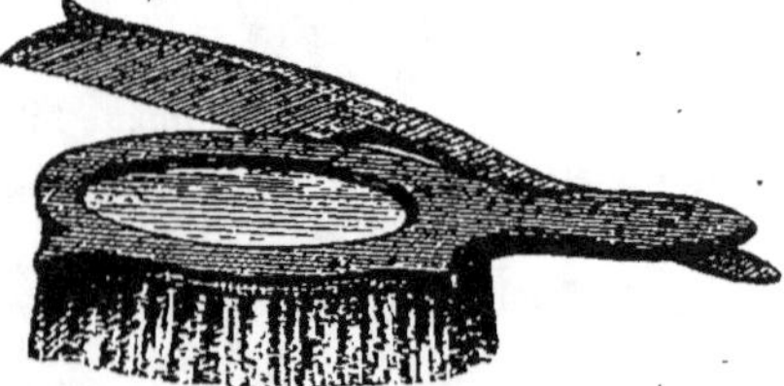

Peigne avec brosse et glace, la douz. 12ᶠ »

PEIGNES de poche *(suite)*

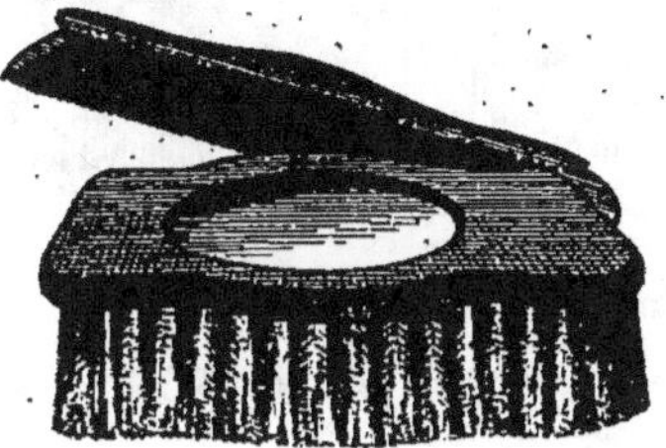

Brosse avec glace et peigne, la douz. 12f »

PEIGNES-FAVORIS, gaîne toile

3 pouces, corne Irlande, la douz.	6f »
3 — 1/2, — —	7 »
4 — — —	8 »
3 — en buffle... —	4 »

PEIGNES-FAVORIS, gaîne toile *(suite)*

3 pouces 1/2, en buffle, la douz.	4f 50
4 — — —	5 »
4 — 1/2, — —	5.50

ÉPINGLES buffle ou imitation

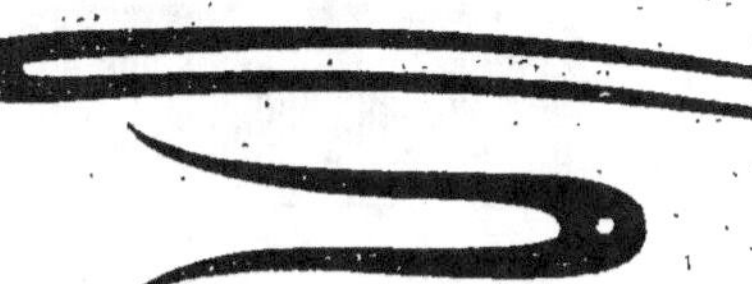

A cheveux ou à onduler, la douz. 3f 50

PASSES-RUBANS buffle ou imitation

La douzaine.................. 6f »

PEIGNE-DÉMÊLOIR, forme Coiffeur

PEIGNE-DÉMÊLOIR anglais

DÉMÊLOIRS à grosses dents

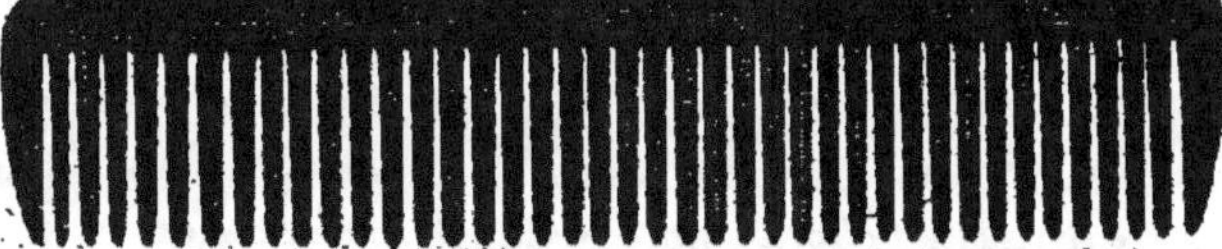

DÉPOT D'ARTICLES ANGLAIS EN CAOUTCHOUC

Démêloirs depuis 6 fr. la douzaine. — Décrassoirs depuis 2 fr. 50.
Peignes Ninon depuis 1 fr. 50.

LISSOIR genre queue de rat

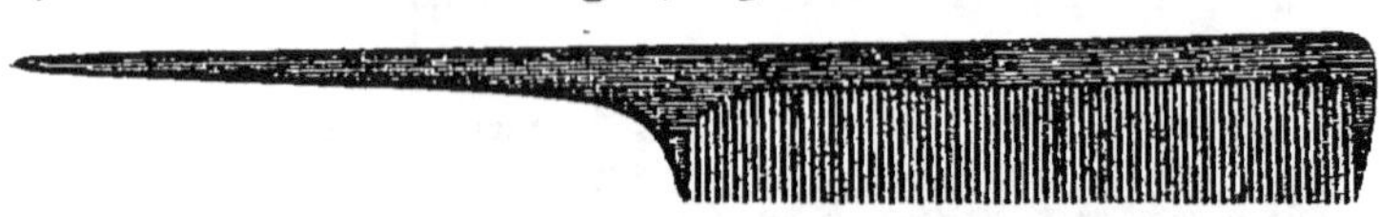

LISSOIR manche large

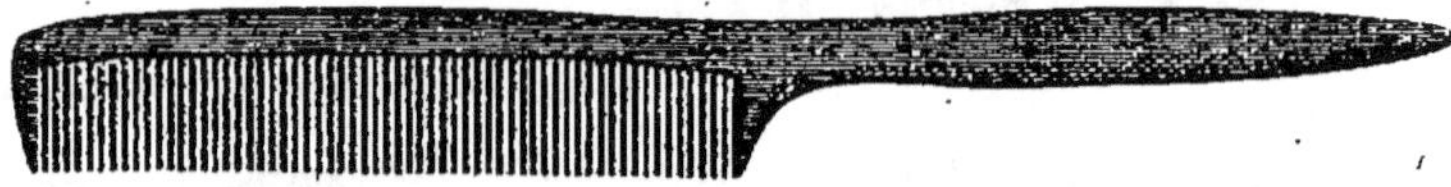

PEIGNE à favoris, en gaîne

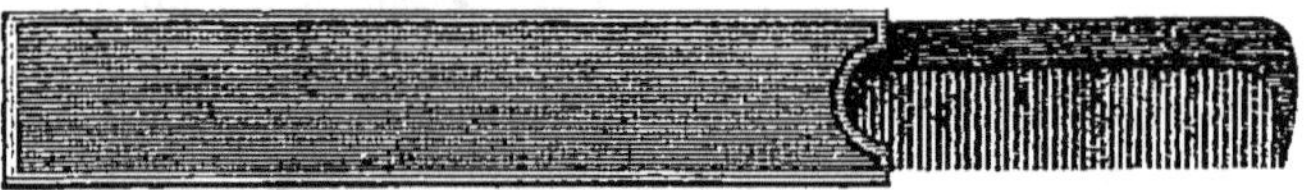

PASSE-RUBANS

GRAND ASSORTIMENT D'ÉCAILLE

	le gramme		le gramme
Déméloirs ordinaires.........	ʋ¹ 35	Peignes à chignons, jonc......	ʋ¹ 50
— grêlés, 1er choix..		— — 1/2 boules....	ʋ 85
Décrassoirs, 1er choix......		— — boules entières	1 ʋ
Peignes créoles, fourchettes..		— — — séparées	1 25
— à Berthe et à touffes .	ʋ 50	Passes-rubans...... la douz.	15 ʋ
Peignes-favoris simples....		Peignes-favoris en gaîne :	
Lissoirs..................		2 pouces 1/2 .... la douz.	15 ʋ
Peignes-favoris doubles, 1er choix	ʋ 60	3 — .... —	18 ʋ
Déméloirs écaille blonde. —	1 25	3 — 1/2...... —	21 ʋ
Décrassoirs — —		4 — .... —	30 ʋ

Tous nos Articles en écaille sont excessivement bien soignés
comme travail et en écaille premier choix

Pour la gaînerie, voir page 23.

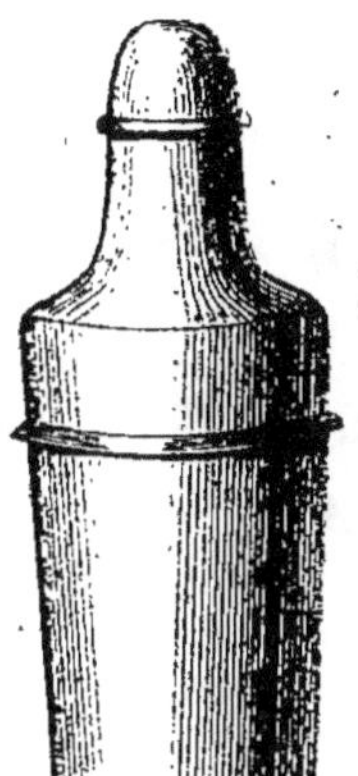

FLACONS en buis, garniture en cristal uni

		la douz.	
Contenant	4 grammes	6ᶠ	»
—	10 —	10	»
—	24 —	15	»
—	60 —	18	»
—	125 —	27	»
—	210 —	33	»
—	250 —	36	»
—	500 —	72	»
—	600 —	78	»
—	1000 —	120	»

ÉTUIS buis

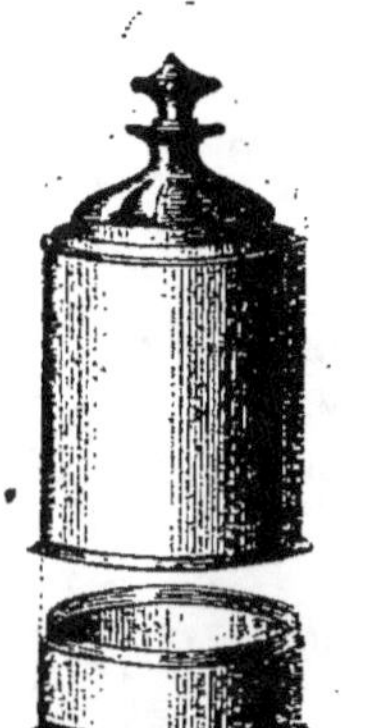

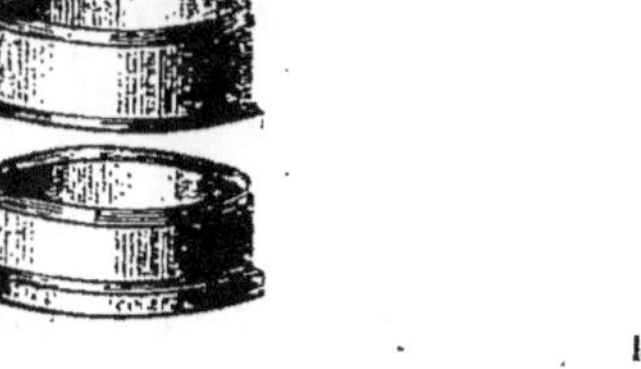

	la douz.	
Flacons cristal taillé...........	54ᶠ	»
Flacons cristal taillé, avec compartiment en dessous, garniture liége................	84	»
Avec deux compartiments en dessous, garniture liége.....	108	»

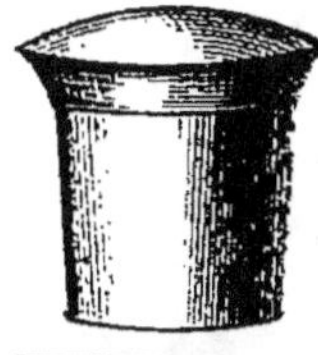

BOITES en buis à poudre de riz

La douz, 21, 24 et 33ᶠ »
Extra-grandes, la
    douzaine..... 80 »

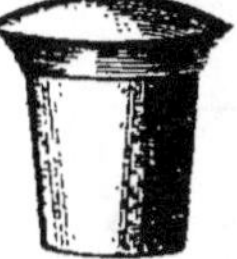

POTS Duchesse, buis, garniture cristal

La douz. 12, 18 et 23ᶠ »

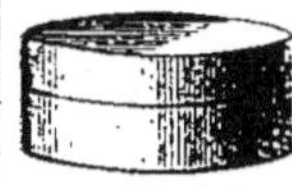

POTS-PLATS en buis, garniture cristal

La douz. 15, 20, 27 et 33ᶠ »

BOITES à poudre de riz, en bois, à frottement

La douz. 6 » 9 » 12 » et 15ᶠ »

POTS à pommade, en bois, garniture porcelaine

La douzaine... 6 » 9 » et 12ᶠ »

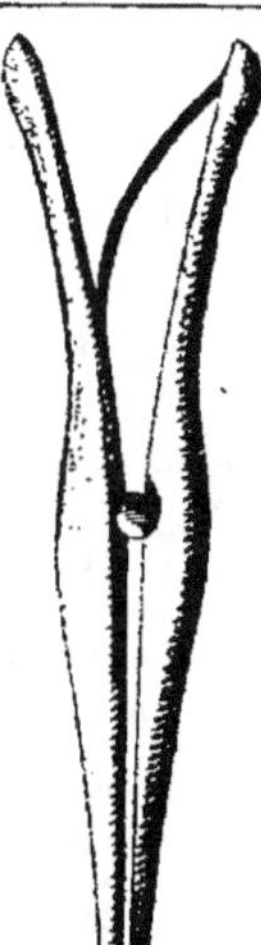

BAGUETTES à gants

	la douz.	
En bois........	9ᶠ	»
— forme ciseaux.	15	»
En buis, —	24	»
En os, —	27	»
Écossais, —	48	»

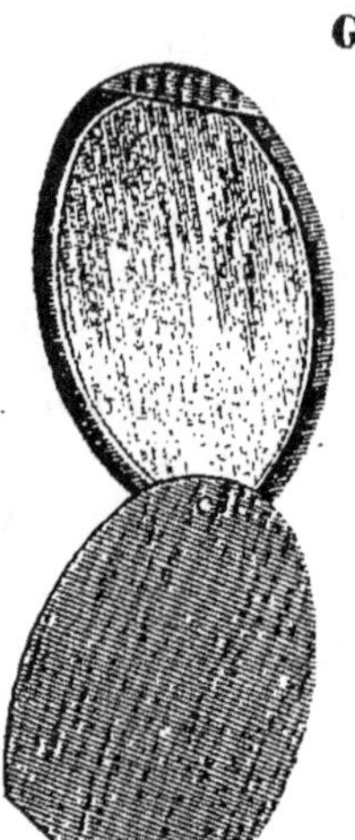

GLACES en acajou, à pivot

		la douz.
De 2 pouces	6ᶠ	»
3 —	8	»
4 —	14	»
5 —	22	»
6 —	30	»
7 —	42	»

GLACES à pivot, biseautées

Citronnier ou palissandre, intérieur verni, article très-soigné :

		la douz.
De 2 pouces	27ᶠ	»
3 —	36	»
4 —	52	»
5 —	63	»

GLACES ovales, bois blanc verni

De 5 pouces .... la douz.	8ᶠ	»
6 — .... —	12	»
7 — .... —	15	»

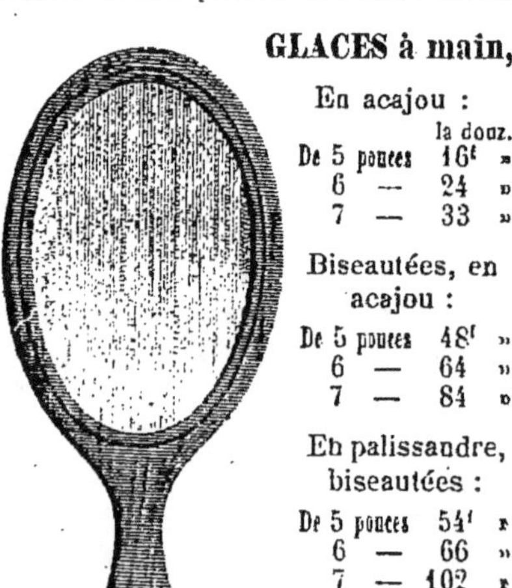

GLACES à main,

En acajou :

		la douz.
De 5 pouces	16ᶠ	»
6 —	24	»
7 —	33	»

Biseautées, en acajou :

De 5 pouces	48ᶠ	»
6 —	64	»
7 —	84	»

En palissandre, biseautées :

De 5 pouces	54ᶠ	»
6 —	66	»
7 —	102	»

En bois noir :

De 5 pouces	72ᶠ	»
6 —	96	»

GLACES carrées fermantes

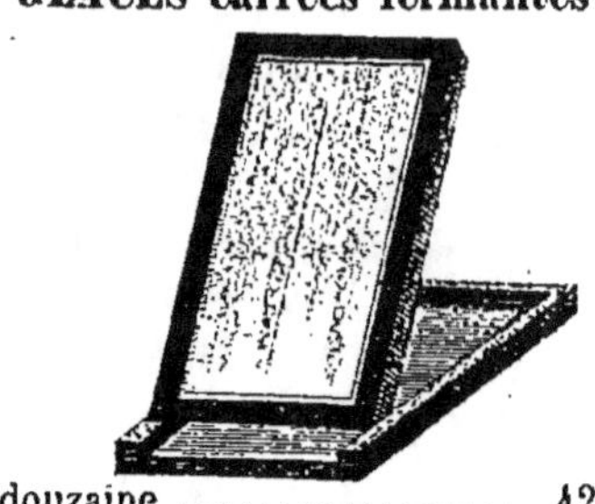

La douzaine .... 42ᶠ »

GLACES à double face

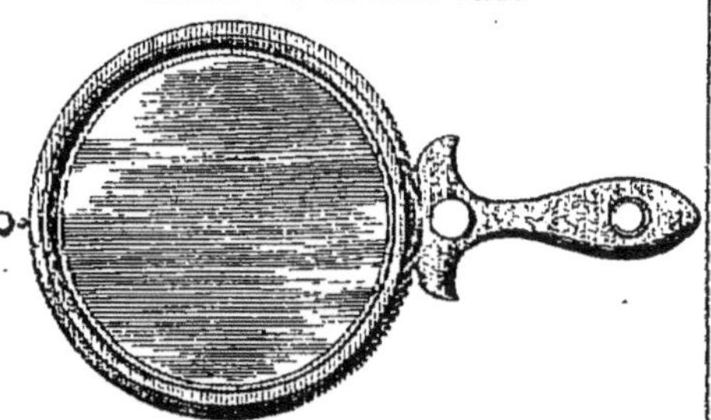

De 4 pouces .... la douz.	36ᶠ	»
4 — 1/2...... —	45	»
5 — .... —	54	»

CADRES ovales pour dessins en cheveux

				la douz.
De 18 lignes, verre dépoli.....				7ᶠ 50
27 —	—	.....	8	»
30 —	—	.....	8 50
36 —	—	.....	10	»
42 —	—	.....	11	»
48 —	—	.....	12	»
72 —	—	.....	27	»
96 —	—	.....	48	»

CADRES ovales assortis de dessins en cheveux

De 24 lignes .... la douz.	18ᶠ	»
30 — ...... —	27	»
36 — ...... —	36	»

Cadres sur commande, depuis 36 fr., la douzaine.

Grand choix de Chaînes, Bracelets, Bagues, etc.

DIVERS

Bigoudis en plomb :
Petits............ la douz. 4f 50
Moyens.......... — 6 »
Gros et extra-gros . — 12 et 18 »
Baudruches choisies, la douz. 4 80
Bâtons à tresser, unis, la paire. 1 »
— — à chevilles, — 1 50
Bâtons à papillotes :
30 cent. de longueur, la douz. 2 50
35 — — — 3 »
40 — — — 3 50
44 — — — 4 »
46 — — — 4 50
50 — — — 5 »
la douz.
Bâtons doubles s'emboîtant l'un dans l'autre . 12f ».
— triples — — 14 »
la pièce.
Blocs serviettes, pr essuyer les rasoirs, cahier papier » 50
— — — toile 1 »
Cartons à papillotes :
33 cent. de longueur, la douz. 2 40
38 — — — 3 »
42 — — — 3 60
46 — — — 4 20
49 et 52 — — 4 80
Cartons à chignons :
La douzaine... 4 20, 5 40 et 6 60
Cartons à toupets .. la douz. 3 »
Crochets à toupets . — 1 50
— à implanter — 2 50
Crânes en carton, pour éta-
lage....... la douz. 6, 9 et 12 »
Colle à toupets, de Rey, la douz. 9 »
Élastique argenté. le kil....... 9 »
— jaune — .... 6 »
Élastiques pour perruques, la
douzaine....... 3 »

Étaux pour bâtons à tresser :
Ordinaires........ la paire 1f 50
Perfectionnés...... — 2 50
Laiton en bobines :
Sans être couvert... la pièce » 50
Couvert en coton ... — » 75
— soie .... — 1 25
Métalliques pour perruques,
la douzaine, de .... 12 à 24 »
Marteaux, la douzaine.. 9 et 12 »
Pinces plates :
4 pouces .... la douz. 9 »
5 — .... — 12 »
la paire.
Plats à barbe, en cuivre, no 1. 4 50
— — no 2. 3 75
— — no 3. 3 »
Pour plats en métal blanc, en plus par paire, 1 fr. 50
Papier à papillotes, la rame. 4 50
— — découpé, le mille 1 25
Pointes à perruques, la boîte
de 250 grammes............ » 75
Pierres ponces..... la douz. 3 50
Ressorts de montres :
Blancs .... le bout. » 25
Bleus.... .... — » 15
Supports en cuivre, pr plats à barbe, la paire 3 50
— en métal blanc, — — 5 50
la pièce.
Têtes à perruques, en bois... 5f »
Têtes en carton :
Ordinaires........ la pièce 1 50
Avec système...... — 2 50
— et filet — 3 50
Étaux pour têtes à système :
Ordinaires........ la pièce 2 »
A bascule......... — 4 »
— pour tête en bois — 5 »

PARFUMERIES

DE LA

MAISON LADVOCAT

DARQUET

Chimiste, Chevalier de la Légion-d'Honneur

	la douz.			la douz.
Eau antiride de la Fée-Rose 24 et	36ᶠ »	**Rouge impérial**, pots porcelaine unie	12ᶠ »
— **sans pareille** de la Fontaine		**Fleur de cygne**, préparée à la gly-	
de Jouvence...............	12 »	cérine........ 12, 24 et	36 »
— **arabe**, pour empêcher la chute		— **de riz**, superfine, à toutes les	
des cheveux	18 »	odeurs............	6 75
Fard indien, pots porcelaine déco-		— — surfine, triple parfum,	
rés, en boîte.......	18 »	rose et jaune......	12 »
— — pots dorés...........	24 »	**Poudre de riz**, en paquets, le kilo.	4 50
—, — pots ordinaires décorés	15 »	**Poudre des marquises**, pour blan-	
— **de Ninon**, en pâte..........	18 »	chir les mains et les bras. 6, 12 et	24 »
— — en poudre... 6 et	12 »	**Poudre des marquises**, à poudrer,	
Blanc Rachel, en pâte (jaune pour		en toutes nuances.......	12 »
les brunes).......	18 »	**Crème de Ninon**, pour le teint, 12 et	18 »
— — en poudre.... 6 et	12 »	— **de Ninon de l'Enclos**, pour	
— **de perles**, en pâte........	18 »	faire disparaître les rides.	24 »
— — en poudre.. 6 et	12 »	— **Pompadour**, blanc très-fin. 12 et	24 »
— **de cygne**, en pâte........	18 »	**Crayons Darquet**, pour les cils et	
— — en poudre.. 6 et	12 »	sourcils........................	3 »
— **Lavallière** rose, en pâte....	18 »	**Pâte de corail**, pour les lèvres....	9 »
— — rose, en poudre. 6 et	12 »	**Iris de Florence**, parfumée......	6 75
— **de Paris**, en pâte........	18 »	**Rose de Jouvence**, porcelaine unie	12 »
— — en poudre.. 6 et	12 »	— — pots dorés.....	24 »
Rouge végétal........ 12, 24 et	36 »	— — en poudre. 6 et	12 »
— **impérial**, très-mat, pots dorés	24 »	**Agatine**, pour les ongles..........	6 »
— — gras.............	12 »	**Nacré de perles**, pour les dents. 6 et	9 »
— — en poudre... 6 et	12 »	**Crème de lys**........... 12 et 24	»

DÉPOT DE TEINTURES

Teinture Navarre, de Toulouse .... la douzaine 48 » et 60ᶜ »
— unique, de **Filliol**.................. — » » 36 »
— de **Bordeaux** .... — 27 » 54 »

EAUX POUR BLONDIR

Eau Fontaine de Jouvence, de Thiellay, de Londres :

Grand modèle .... le flacon 10ᶠ »
Petit modèle.. — 5 50

Auréoline de Robarre :

Grand modèle .... le flacon 10 »
Petit modèle.. — 5 50

Nous ne répondons pas des expéditions de ces Eaux

PARFUMERIES DE LA MAISON PANAFIEU

	la douz.
Pommade mousquetaire...	3ᶠ 50
— mascaro.....	9 »
Peignes mousquetaires .... 4 » et	6 »
Poudre diamant........................... 6 » 9 » et	12 »
Polissoirs de la couronne...................................	18 »
Huile au quinquina..................... 6 » 9 18 et	30 »
Rose ou blanc princesse. en poudre.................. 3 et	6 »
Raisin vermeil pour les lèvres................. 6 et	9 »

CRAYONS, FARDS, BLANCS GRAS, etc., etc.

Même prix qu'en fabrique

SPÉCIALITÉS POUR ÉTALAGES

BUSTES EN COMPOSITION INALTÉRABLE

Nᵒˢ 1	**Sans la perruque**.....................................	150ᶠ »
2	— —	75 »

Le dessous de ce buste est organisé pour s'adapter sur le pied nᵒ 12.

3	**Tête à système** avec étaux à bascule.............. complet	6 50
4	**Tête en bois** avec perruque toute implantée et étaux à bascule, très-commode pour l'apprentissage du coiffeur...... complet	60 »

5	**Pieds à coulisses** dorés, pour chignons se remontant à volonté, haut. 120 cent., la douz.				96 »
6	—	—	—	90 —	60 »
7	—	—	—	60 —	36 »
8	—	—	—	40 —	30 »
9	—	—	—	30 —	24 »
10	— avec crâne, pour bandeaux	—		—	72 »
11	— — pour toupets	—		—	180

12   **Pieds pour travailler**; la base est très-lourde et peut supporter n'importe quel poids dans le haut, sans faire bascule; le dessous de la tête nᵒ 2 est organisé pour être ajusté sur la goupille; coiffant avec ces têtes, l'apprentissage du coiffeur est beaucoup plus prompt........................... le pied   30

MÉCANIQUE tournante pour bustes.................. **55 fr.**

Les perruques de femmes pour les bustes sont tout implantées et valent 55 fr. pièce, ouvrage très-soigné.

SEUL FABRICANT BREVETÉ

BOTTEAUX

Bustes en composition inaltérable en n'importe quel climat

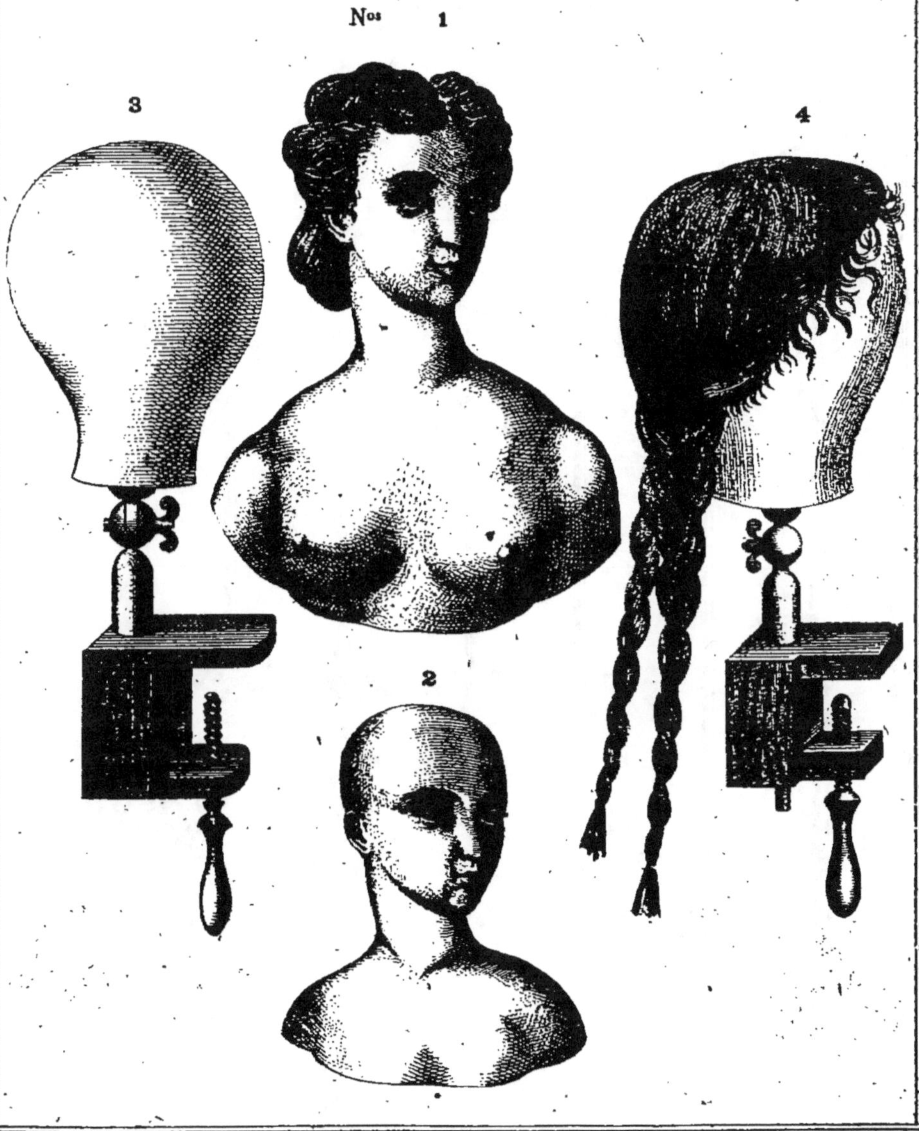

SEUL FABRICANT BREVETÉ

BOTTEAUX

PARIS

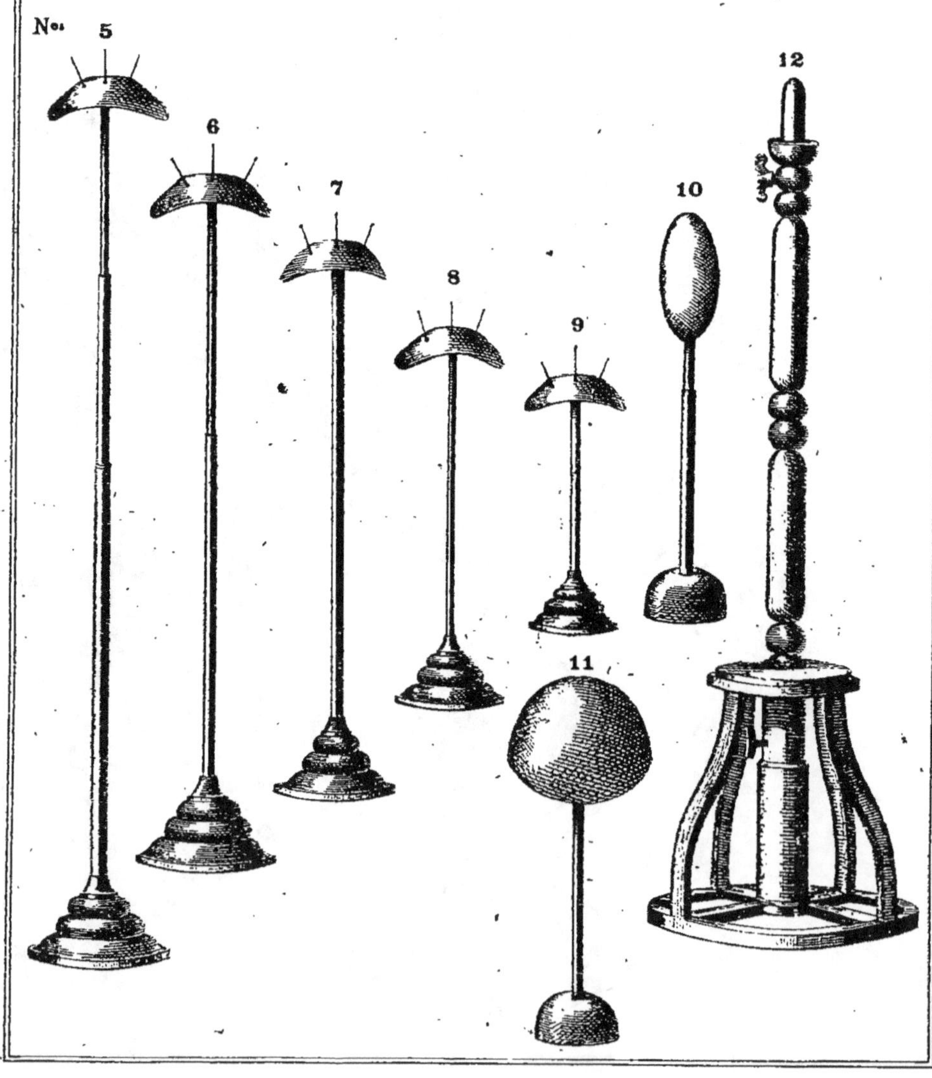

BOULES DORÉES POUR ENSEIGNES

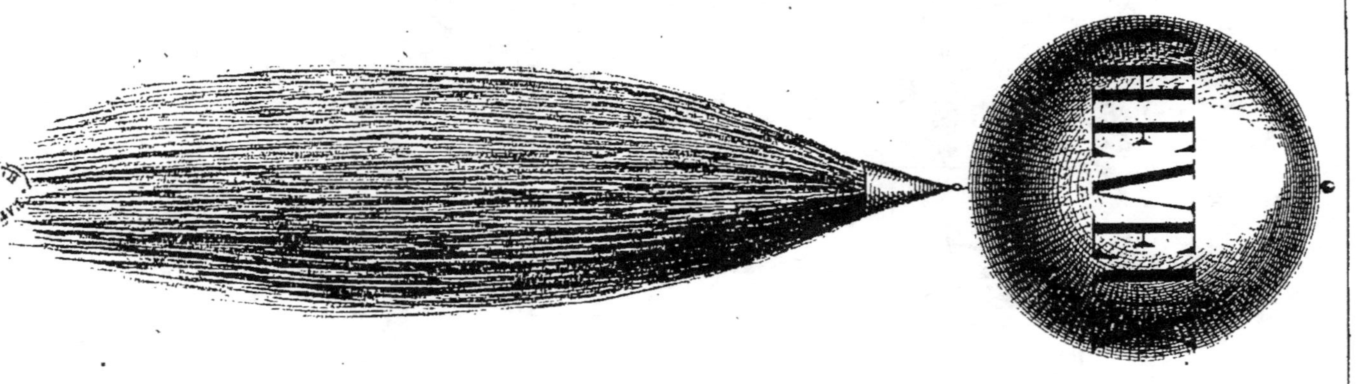

Boule dorée de 25 centimètres de diamètre, sans inscription............, la pièce 20ᶠ »

—   —   avec   — ....   —   23 »

Boule dorée de 30 centimètres de diamètre, sans inscription............   —   24 »

—   —   avec   — ....   —   27 »

Queues pour mettre aux boules, depuis 4 fr. la pièce.

CALORIFÈRE PERFECTIONNÉ (système Botteaux)

au gaz ou au poussier

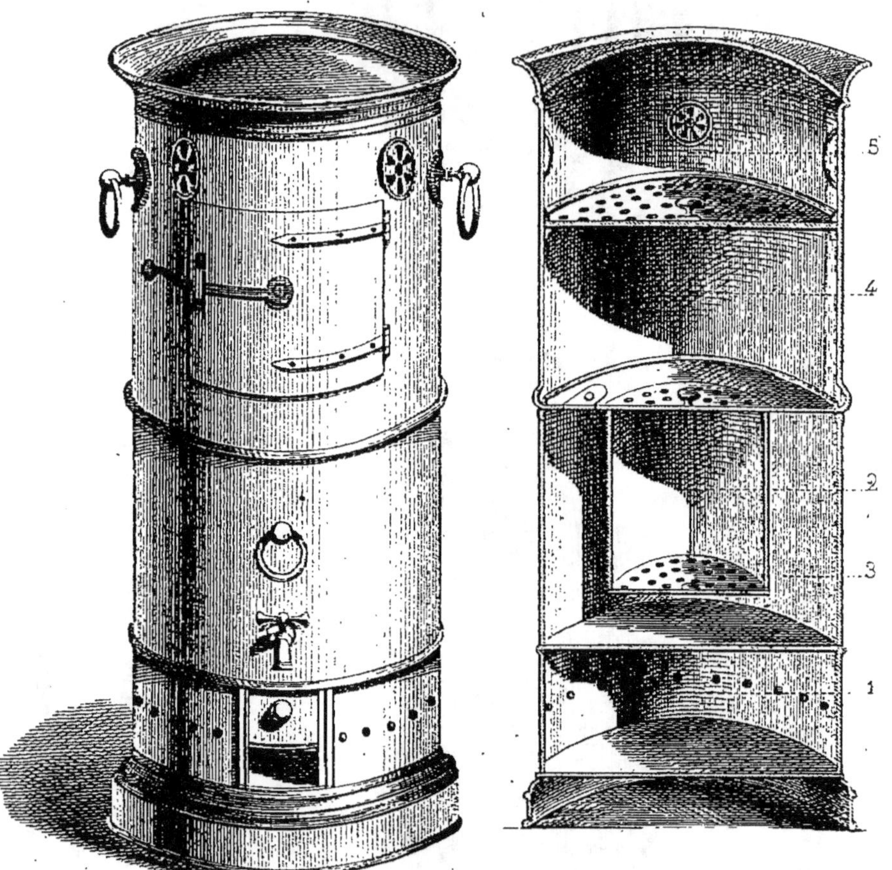

DISPOSITIONS INTÉRIEURES DU CALORIFÈRE

N° 1 Foyer au poussier ou au gaz.
   2 Étuve pour sécher les cheveux frisés, etc.
   3 Réservoir à eau chaude.
   4 Séchoir pour les cheveux.
   5 Séchoir à linge.

Prix...................... **55** fr.

ÉTUVE MOBILE (modèle déposé)

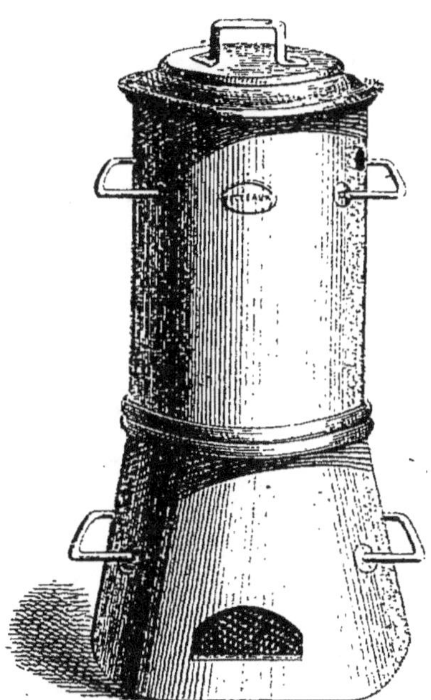 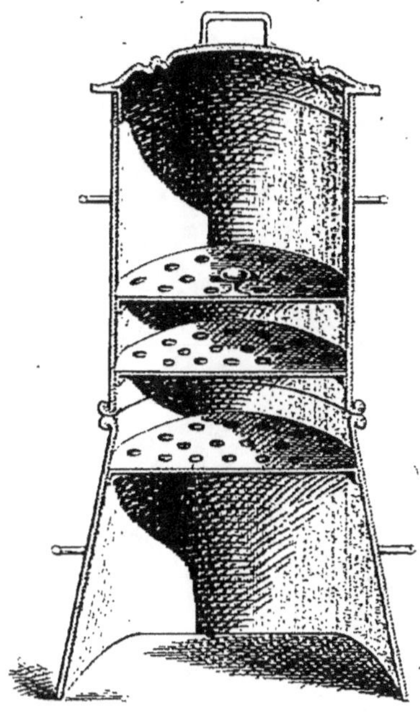

PLUS DE CHEVEUX BRULÉS par accident faute de facilité. Avec cet appareil peu volumineux, on fait sécher : **Cheveux créolés, frisés, papillotes**, etc., en moins de deux heures. Son chauffage est des plus facile, car on peut le placer sur un fourneau à gaz, fourneau de cuisine et au besoin sur une chaufferette. L'intérieur est disposé de façon à ce que les cheveux ne brûlent pas, même en chauffant assez fort.

N° 1, **8** fr., s'adapte sur le fourneau n° 1.

2, **7** fr., s'adapte sur les fourneaux n°s 2 et 3.

Voir les fourneaux, page 19.

EAU DENTIFRICE SUPÉRIEURE

POUR LA CONSERVATION DES DENTS ET DES GENCIVES

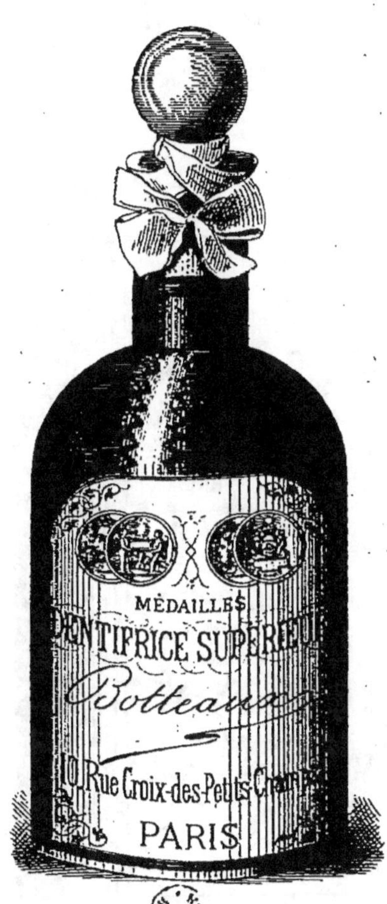

Grand modèle.........   *la douzaine* **36ᶠ** »
Petit modèle...........   —   **18** »

EAU JEAN-MARIE

POUR BLONDIR ET DORER LES CHEVEUX

QUALITÉ EXTRA-FORTE

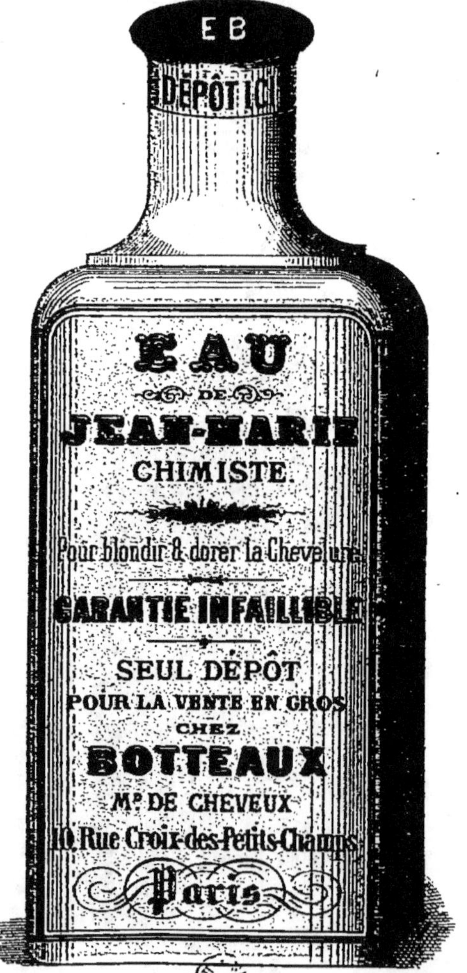

La douzaine...................... 60ᶠ »

Nous ne répondons pas des expéditions de cette Eau

TEINTURE PROGRESSIVE

EN UN SEUL FLACON

POUR LES CHEVEUX SEULEMENT

La douzaine . . . . **36ᶠ** »

RETOUR A LA JEUNESSE

EAU SICILIENNE

TEINTURE PROGRESSIVE EN UN SEUL FLACON

Spéciale pour la Barbe

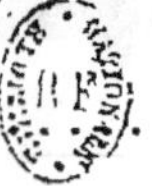

La douzaine............................ 24' »

AGERASE

TEINTURE INSTANTANÉE EN DEUX FLACONS

Résultat certain du Châtain clair au plus beau Noir

NUANCE SANS REFLET VERT

La douzaine........................... **48ᶠ »**

TABLE ALPHABÉTIQUE

Typ. OBERTHUR ET FILS, à Rennes — Maison à Paris, rue Salomon-de-Caus, 4 (square des Arts-et-Métiers).

IMP. OBERTHUR & FILS - RENNES _ PARIS, 4, R. SALOMON DE-CAUS. 6.0-77.